陕西出版资金资助项目

中国汉传佛教八大宗派及其祖庭丛书

李利安　主编

不二法门——三论宗及其祖庭

黄凯　著

西安电子科技大学出版社

图书在版编目(CIP)数据

不二法门：三论宗及其祖庭/黄凯著.
—西安：西安电子科技大学出版社，2016.11(2017.5 重印)
中国汉传佛教八大宗派及其祖庭丛书
ISBN 978-7-5606-4328-1

Ⅰ. ① 不⋯　Ⅱ. ① 黄⋯　Ⅲ. ① 三论宗—研究　Ⅳ. ① B946.2

中国版本图书馆 CIP 数据核字(2016)第 268746 号

策　　划　高樱
责任编辑　高樱　马武装
出版发行　西安电子科技大学出版社(西安市太白南路 2 号)
电　　话　(029)88242885　88201467　　邮　　编　710071
网　　址　www.xduph.com　　　　　电子邮箱　xdupfxb001@163.com
经　　销　新华书店
印刷单位　陕西华沐印刷科技有限责任公司
版　　次　2016 年 11 月第 1 版　2017 年 5 月第 2 次印刷
开　　本　710 毫米×1000 毫米　1/16　印　张　13.5
字　　数　161 千字
印　　数　4001～7000 册
定　　价　30.00 元
ISBN 978-7-5606-4328-1/B

XDUP　4620001-2

如有印装问题可调换

中国汉传佛教八大宗派及其祖庭丛书
编委会名单

主　编　　李利安

编　委（按姓氏拼音排列）

总策划　　阔永红

序 一

佛教创立于公元前六至五世纪的古印度。释迦牟尼时代，佛教基本上是在印度的恒河流域传播，当时信仰佛教的人并不是特别多。到公元前三世纪，古印度阿育王在位的时候，佛教才广泛传播开来，其中向北传入大夏、安息和大月氏，并越过葱岭传入中国西北地区。

从考古材料和一些文献中可以看到，在西汉末年，佛教已经在长安、四川和东部沿海的部分地区流传，但是影响力比较小。《后汉书》中记载，东汉明帝在位的时候，就知道西域有佛，所以明帝就派使者到大月氏求取佛经，这标志着佛教正式传入中国，也就是在这个时期，有一些上层的贵族开始信仰佛教。在东汉末年以前，中国内地流行的佛教经典就只有一本《四十二章经》。当时的人们把佛教看做与黄老方技相类似的一种方术。东汉末年，佛教的基本特征已经开始被人们所了解。在三国初期，有一位名叫牟子的佛教信徒写了一部《理惑论》，用自问自答的形式来反驳人们对佛教的质疑。在这本书中，他介绍了释迦牟尼成佛的整个过程，然后介绍了佛教的轮回学说，包括天堂和地狱的学说，以及佛教的一些独特的修行方式。特别重要的是，这本书讨论了佛教与儒家、道教的区别，它说儒家主要是讲一些治国的道理，尤其是政治上的道理，但佛教讲的是精神上的道理。佛教与道教的区别是，道教主要是讲人的肉体生命，佛教所追求的不是长生不死，而是涅槃境界。这表明佛教独特的信仰特征已经为中国人所熟知。

魏晋南北朝是中国佛教发展史上的一个非常重要的时期。这个时期，中国人主动了解佛教经典的愿望更加强烈，精通佛教经典的域外高僧也被请到中原从事佛经的翻译事业，于是更多的佛教经典传到中国并得到翻译。曹魏时期，洛阳有一个出家人，叫朱士行，他在钻研传入的佛教经典时，感到这些经典特别是《小品般若经》有些地方讲不通，就认为肯定是翻译有问题。当他听说在西域有大量佛教经典的原典时，就下决心去西域寻找更周全的佛经。公元260

年，他从雍州（今陕西西安）出发，越过流沙到达于阗(即现在的新疆和田一带)，终于找到了佛教《小品般若经》的升级版，即《大品般若经》。他就在那里抄写，自己没有回来，但是他托人把这本经送回洛阳。朱士行是中国有史记载的第一个去西天取经的人，这是中国佛教发展史上一个非常重要的事件。到东晋时期，又有一位僧人法显于公元399年从长安出发，与多位同伴一起，经过千辛万苦到达了于阗，但是他跟朱士行是不同的，他没有在这里停止，他又与部分同伴继续西行，越过葱岭，到了天竺(即现在的印度)，后来又到了尼泊尔，然后一直在那一带寻找佛经并学习了很多年。之后他乘商船到了今天的斯里兰卡，又经过苏门答腊岛，回到了山东的崂山，然后从崂山再经陆路，于413年到了建康（今南京）。这个人是历史上记载的真正去西天取经的第一人，他在那边生活和学习了很多年，是深刻了解佛教原典的一个中国人。这么一批人，他们西行取经，带回了很多经典，对佛教发展具有很大的促进作用。在这个时期，也有一些域外的高僧被请到中原来从事佛经的翻译事业，这中间最有影响的是鸠摩罗什。鸠摩罗什是西域人，他出生在今天的新疆，但是他长期在古印度跟他的母亲一起修习佛教，对佛教非常了解，而且又懂汉语。他在后秦弘始三年（401年）被迎到长安。后秦出物资出人才，让他在长安的逍遥园等地翻译佛教经典。当时他有八百多个弟子，译出了《妙法莲华经》《佛说阿弥陀经》《金刚经》，还有《中论》《百论》《十二门论》《大智度论》等大量的经典，一共七十四部、三百八十四卷，这些经典对佛教的发展作出了很大的贡献。因为鸠摩罗什对佛教非常了解，他的汉语水平也很高，弟子又很多，所以他译的这些佛典文辞优美，而且又契合佛教的原始含义。可以说，到了鸠摩罗什这个时候，中国佛教的面目焕然一新，突出表现在中国人已经开始接触到佛教原典的基本品质。因为有这样的基础，随着对佛教了解的深入，中国佛教徒就能够准确地把握佛教义理的精髓。鸠摩罗什的弟子僧肇(384—414年)对鸠摩罗什所翻译的这些经典，特别是对《中论》《百论》《大智度论》十分了解。他在与同学们一起讨论老师的这些佛教教义的时候非常有见解，连他的老师鸠摩罗什也认为在汉地真正了解佛教"空"义的第一个人就是僧肇。僧肇写了四篇文章，即《物不迁论》《不真空论》《般若无知论》《涅槃无名论》，这四篇论文后来被收集起来，一般叫做《肇论》。它非常明晰地介绍了当时大乘佛教的"中道论"，也就是所谓的"中道缘起论"。这个理论非常契合佛教的真正本质，对于廓清中国佛教理论界的迷惑及引导中国佛教根据佛教的根本精神发展，产生了非常重要的作用。僧肇在这几篇文章中，一方面接受了佛教的基本理论，另一方面对他之前中国佛教中所出现的各种各样的理解都进行了批评。由此，中国佛教的发展就有了非常坚实的理论基础。

大约到六世纪的中叶，中国佛教就开始出现用自己的理解对整个佛教体系进行一种理论构架的尝试。这个时候，中国佛教已经不满足于追求原汁原味的佛教了，而是要发表自己对于佛教的见解，尝试对所有这些佛教体系提出自己的一种统一的认识。最先明确表示这一意图的是南朝的梁武帝萧衍。他对佛教作了一些研究，为此写了一篇《立神明成佛义》，认为要把庞大的佛教体系统一起来，关键是要有一个心识的神明，他认为这是统一佛教理论的基点。因为心识有神明、无明两个方面，所以心识也就是成佛之本：神明的方面是显示佛教（无为法的）光明的一面；心识的无明则是显示佛教有为法的黑暗的一面。皇帝提出了这个见解，当时梁朝的知识分子和大臣们就开始讨论，很多人说皇帝提出的这个见解实在高明，因为通过这种见解，佛教理论体系就能够很好地把握了。这虽然也有一些吹捧，但这一见解也确实代表了中国佛教开始要用自己的理解来统摄佛教的理论体系。这是中国佛教的一个重要变化。

隋唐是中国佛教创宗立派的重要时期，在这个时期产生了很多中国化的佛教理解，比如吉藏创立了三论宗。这个宗派就是依据《中论》《百论》《十二门论》这三部佛教的"论"创立的宗派，主要研习和传播佛教中的道学说。到了隋代，还有一个高僧叫智顗，他创立了天台宗，其主要是依据《妙法莲华经》，也就是通过对《妙法莲华经》的贯通性认识，来建构对佛教的理解，从而形成一个宗派。进入唐代以后，又有玄奘创立了法相唯识宗。玄奘在研究中国佛教的过程中，发现中国佛教中有些理论问题不能解决，所以留学印度十七年。他回国前夕，印度举行了无遮大会。玄奘提出了自己的理论，欢迎所有佛教界和非佛教界的人提出批评，整个印度的佛教界和非佛教界都提不出反驳意见。他回国以后和弟子们一起创立了法相唯识宗。此外，在武则天时期，法藏依据《大方广佛华严经》创立了华严宗，华严宗是以关中的华严思想为基础的一个宗派。还有唐中叶慧能创立的禅宗、唐代道绰和善导正式创建的净土宗等。这个时期出现了这么多宗派，它们不仅仅是解释原汁原味的佛教是什么，而是要对佛教提出自己的理论建构。这些宗派的共有特征，就是根据自己的理解，建立持之有据、言之成理及反映佛教根本精神、各具特色的佛教理论体系。这是它们的一个共同特点。

二十世纪，我国佛教研究专家汤用彤先生写过《汉魏两晋南北朝佛教史》，又写过《隋唐佛教史稿》，他认为佛教在中国传播的历史可以分为三个阶段：第一个是格义的阶段，第二个是得意忘言的阶段，第三个是明心见性的阶段。所谓格义，就是拿中国的概念去套印度佛教的概念。这相当于僧肇以前中国佛教的传播阶段。那个时候就是看佛教的这个词相当于中国的哪一个概念，通过比较，慢慢地对佛教有所了解。但是僧肇以后，魏晋南北朝一直到隋唐之际，这阶段的最大特点是"得意忘言"，人们认为佛教讲了什么东西并不太重要，重要的是抓住它最关键的思想。"明心见性"是什么意思呢？就是不仅仅抓住了它的意思，而且还能够用我们自己的语言表达我们自己的理解，把佛教的道理讲得更加透彻。我觉得汤用彤所说的佛教传入的三个阶段是符合中国佛教实际情况的。

释迦牟尼生活的时代大约与孔子、老子同时，中国和古印度的地理距离又不是十分遥远，而且交通从来也没有中断过，那时候从西域可以到古印度，从海路也可以到古印度，但是为什么佛教产生六百多年以后才与中国文化发生联系，而到了一千年以后，它能够在中国生根发芽呢？我认为关键的原因就是：春秋战国到秦汉时期，我们中国传统的思想资源能够有效地解决社会的现实问题，而到了魏晋时期，传统思想资源在解决新时代的问题时却出现了困难。春秋时期，夏商周的礼制文明出现了问题，于是出现了孔子、老子及诸子百家，他们使我们的文明渡过了难关。到了秦汉时期，传统的思想文化也能够解决当时中国的政治问题及社会问题。但是到了魏晋南北朝时期，对于所出现的一些问题，当时中国的思想家仍然希望利用中国传统的思想资源来解决，所以他们就又回到了老子、庄子及《周易》，重新解读中国传统的文化，看能不能探讨一条中国文化的新出路，而且他们也认识到这是一个非常大的时代问题。但是因为民族矛盾或社会矛盾的恶化，这一思潮根本就找不到现实的出路。佛教就是在这一背景之下，在中国的文化中开始生根发芽的。也就是说，中国文化无法有效解决中国的问题，而佛教刚好应对了这些问题，这是佛教扎根中国的一个根本性的原因。

那么，佛教到底给中国提供了什么稀珍之法而得以扎根中国呢？

第一，佛教提出了对世界的一种全新认识，更加深刻而巧妙地解释了世界的根源与未来趋向。在佛教传入中国之前，我们当时流行的是以董仲舒为代表的天人感应式的世界观，这种世界观认为有一个客观存在的宇宙秩序，这个秩序的基本模式是阴阳五行，核心是阴阳二气的流转变化。按照董仲舒的解释，它也就是我们现实生活中的伦理秩序，尤其是"君为臣纲、夫为妻纲、父为子纲"，即"三纲六纪"。董仲舒反复论证，这是一个非常稳定的秩序，显示出宇宙的真理。但是，佛教的缘起理论传入中国后，它告诉人们，我们生活的世界不是一个阴阳变化的客观结果，而是我们的思想、言语、行为所产生的结果的一个集合体。这与董仲舒的解释是完全不一样的。若问谁发现了宇宙中的真理，董仲舒的回答就是圣人和帝王。帝王因为是天的儿子，圣人因为耳聪目明，他们先知先觉，所以能够发现宇宙中的真理，于是他们在宇宙的真理中起到了中介的作用，他们是整个宇宙中的担当者。但是按照佛教缘起论的解释，那就不是这样了，我们众生中的任何一个个体都是平等的，每个人都是他所生活的世界的一个作用者，一个始作俑者，也是这个世界发展到哪里去的担当者。这是很不相同的一种解释，是一种全新的世界观。

第二，佛教高扬了个人的伦理责任和社会责任。按照中国传统的认识，我们有帝王，有将相，有圣人，他们是担当者。每一个个体的人主要依托于家庭与家族而存在，没有独立的个人意识。但是佛教认为，我们每个人的业报结果都不是由家庭与家族决定的，哪怕是夫妻关系、父子关系或最亲密的朋友关系，对自己都不产生任何实质性的影响。我们所有的存在状态与未来结果，都是自作自受。如果自己真正要担当起来，就要有另外一种纯粹的生活，首先要做的是离开这个家庭，甚至离开这个现实的社会生活。这种思想确实对中国这种以农业为主、以家庭为基础的社会构成了一定程度的冲击，对中国传统的政治秩序、家庭秩序带来了一定的破坏，软化了古代家族牢固的堡垒，某种程度上动摇了中国古代社会的根基。为什么当时中国有很多统治者对佛教比较排斥，就是出于这个原因。但是，它同时使个体在家庭以外的社会关系中得以更宽阔地展开。个体可以离开这个家族去思考更广泛的问题，使自己在社会中的主体性真正地凸显出来，这是佛教第二个很关键的学说。

第三，佛教宣扬众生平等的思想，为当时解决民族冲突打开了思路。在汉代的思想体系中，"华夷之辨""夷夏之辨"非常严格，但是佛教主张众生平等，对中国人影响很大，所以到唐太宗时，"自古皆贵中华贱夷狄，朕独爱之如一"。如果没有佛教思想的熏陶，这样的认识恐怕是不容易出现的。佛教为解决魏晋南北朝时期非常复杂的民族矛盾提供了思想上的空间，弥补了当时中国文化的不足，为民族大融合与文化统一提供了理论依据。

第四，佛教扩展了人的精神世界。在佛教的世界观中，众生的生命个体肯定是有生成和灭亡的，但是有一个东西是不会灭亡的，就是人的言语、意识、行为所产生的后果，它会凝聚到精神"识"体，就是阿赖耶识之中，人虽然不存在了，但它会在宇宙中流转。这个流转的图景是什么呢？佛教有一个非常通俗化的解释，即这个世界是由六个大的层面构成的，既有上天的层面，也有人的层面，既有畜生的层面，也有阿修罗的层面，甚至还有鬼的层面和地狱的层面，这叫做六道轮回。在六道轮回中的生命个体都是众生的生命现象。每个众生的业力决定它的轮回，轮回就是生命不停地生灭变化，业力就是众生的行为、语言和心念产生的一种力量，它凝聚着个体过往的生命信息，并在将来演化成各种不同的生命现象。只要个体没有最后解脱，就会不停地轮回。这是对佛教精神世界的一种很世俗化的解释，它实际上就是告诉我们，人的生命空间无限辽阔，无穷无尽，每个人所面对的生命都是一个非常辽阔而恒久的存在。这种学说有助于化解个体对现实境遇的不满和愤懑，也有助于唤醒个体对现实境遇的麻木不仁，还有助于促进个体对众生平等的高度自觉。因此我们可以说，佛教为魏晋南北朝时期思想家所关注的生命、灾难与文化发展方向等问题提出了一种全新的思考，也提出了一套全新的解决办法。

当然，佛教的世界观也有一些难以回避的矛盾。第一，它对客观世界没有足够的重视。传说有一个人见到释迦牟尼，问他这个客观世界是从哪里来的，会到哪里去。释迦牟尼把他训斥了一顿，说你这个人，就像一个挨了一支毒箭的病人，你现在不赶快治疗，却要研究这支箭是从哪里来，还没研究清楚你就已经毒发身亡了。所以，佛教主张不要研究这些世界本原性、规律性、终极性的问题。但是这个客观世界的确存在着这些问题，它确实对我们产生了作用。虽然佛教的缘起理论也分析了这些问题，但是它没有触及深层次的规律以及它在我们现实生活中到底能产生什么影响，这是其理论上的盲点。第二，它很容易滑向真理相对论。按照佛教的解释，整个世界确实是会朝着一个非常美好的前景发展的，如果我们所有人都按佛教所说的真理去实践，按照真理的本来面目去观察世界并指导我们的心念与行为，这世界当然就比较和谐，比较安详，会成为一个美好的世界。但是要做到这一点是很难的。佛教认为就是因为很难，所以必须要有"我不入地狱，谁入地狱"的决心。另外，即使自己看到另外一个人在痛苦着，哪怕自己掌握了真理，也不能使那个人接受自己的方式，而必须要跟他一起痛苦，一起悲欢离合。佛教的这种功夫是非常困难的，很容易成为一种空想。同时，禅宗认为行住坐卧都是禅，真理不能够离开现实生活，只有在现实生活中掌握的真理才是真正的真理。由此影响到儒家也在对生活背后的真理进行追寻。儒家所讲的父亲慈祥一点儿，儿子孝顺一点儿，君主包容一点儿，臣子忠诚一点儿，丈夫对妻子恩爱一点儿，妻子对丈夫温顺一点儿，它们的真理体现在哪里呢？这些新的问题的出现恰恰是中国文化发展的一个新挑战。所以到了唐宋之际，中国文化就发生了一种转折，重新回到了中国的原典，把佛教的许多理论思考与中国传统的儒家经典、道家经典结合在一起，由此发明了宋代的新儒学和新道教。中国的文化又走向另外一个高峰。

从佛教在中国的发展历程中我们可以看出：

第一，外来文化的输入与传播，肯定是在本土文化遇到自身难以克服的矛盾的背景下才出现的，佛教就证明了这么一个基本的道理。

第二，外来文化最核心的冲击力必定是它的世界观及其所衍生的人生观。佛教传进了很多的方式，既有它的生活方式，也有它的艺术形式，这些东西确实影响了中国的文化，但是它们背后的精神才是最关键的。如果没有背后的世界观和它引申的人生思考，这些东西是不可能在中国文化中产生深远影响的。这个后面的东西是它真正的核心竞争力，是它核心的穿透力。

第三，面对外来文化的传播，最好的办法就是消化吸收。就像我们吃饭一样，不仅要把一个外来的东西吃到嘴里去，而且必须要把它咀嚼消化，成为我们血液中的一个有机组成部分，只有这样，外来文化才能被我们真正地理解并真正成为我们自己的文化。

　　李利安教授是我很敬重的学者，他在佛教研究方面取得了突出的成就，特别是他关于佛教菩萨信仰的研究，有相当的系统性和深度，我时常从他的研究中得到启发。他和一些青年朋友共同撰写的"中国汉传佛教八大宗派及其祖庭丛书"即将出版，约我写几句话，我感到这项工作对于今天我们全面理解佛教文化，从而更加深入地把握中国传统文化有重要意义，于是不辞浅陋，把自己关于佛教的一点体会写出来，希望增添读者朋友们阅读该丛书的兴趣。衷心希望该丛书能够得到读者朋友们的喜爱。

　　　　　　　　　　　　　　　　　　　　　　　方光华

　　　　　　　　　　　　　　　　　　　2016 年 10 月 11 日

序 二

习近平总书记在建党九十五周年庆祝大会的重要讲话中指出，"文化自信是更基础、更广泛、更深厚的自信"。文化自信由此上升到民族自信的高度，并与中华民族的伟大复兴联系在一起。也就是说，没有文化自信，就没有巨龙腾飞的内在动力，也不可能有一个稳定而深厚的精神纽带和广泛认同的精神家园，更没有进入世界民族之林的资格。

而在文化自信当中，中华传统文化具有根基性的地位。因为中华传统文化塑成了中华民族的精神气质，凝聚着中华民族代代相续的情感，包含着中华民族的智慧，形成了绵延五千年的文脉，成为一种宝贵的文化资源，至今散发着迷人的魅力。

中华传统文化是由儒、佛、道三家支撑起来的一种多元一体的文化。儒家主要协调人与人之间的关系，是一种以治世为主的文化；道教特别强调自然的价值和意义，在协调人与自然的关系方面有其独到的作用，在治身方面显示出明显的优势；佛教主要协调人的身心关系，具有极为丰富的精神修养智慧，是一种以治心为主的文化。三家各有其长，各有其用，自魏晋以后，逐渐形成并立互补、相互圆融的文化格局。没有佛教的进入，就不可能形成这种多元一体的文化发展机制和三教呼应的文化生态。

作为中华传统文化一支的佛教文化最早源于印度，但正像习主席 2014 年 3 月 27 日在联合国教科文组织总部的演讲中所说的，"佛教产生于古代印度，但传入中国后，经过长期演化，佛教同中国儒家文化和道家文化融合发展，最终形成了具有中国特色的佛教文化"。也就是说，佛教虽然产生于印度，但传入中国的佛教最终已经成为中国文化的有机组成部分。这一历史转型的完成就是中国化。

学术界一般认为，在外来宗教中，佛教的中国化是最彻底的。佛教中国化经历了漫长的岁月，并在义理、信仰、仪轨、修行以及寺院和僧团等各个方面全面展开，但最具理论深刻性和实践持久性的还是宗派的形成。中国汉传佛教主要有八大宗派，自从隋唐时期正式诞生以后，始终是中国佛教理论体系和实践体系的第一支撑。

习近平主席在 2015 年中央统战工作会议上提出，积极引导宗教与社会主义社会相适应，必须坚持中国化方向。在今年的全国宗教工作会议上，习主席再次强调，积极引导宗教与社会主义社会相适应，一个重要的任务就是支持我国宗教坚持中国化方向。全国政协主席俞正声在总结讲话中要求深刻理解坚持我国宗教中国化方向，不断提高宗教与社会主义社会相适应的广度和深度。在这种背景下，汉传佛教宗派文化的深入挖掘与系统整理便具有了非常强烈的现实借鉴意义。

宗派是印度佛教传入中国后形成的。每个宗派的形成都是中外高僧集体智慧的结晶。所以，每个宗派不但各有其所依据的经典支撑，还各有其祖师的理论建树与实践的开展，而每个祖师的理论建树与实践开展又总是在各自的传承谱系中进行的，并落实在一定的空间之内，于是每个宗派在形成祖师传承谱系的同时，又形成各自特有的祖庭。每个宗派一般都会有多位创宗祖师，祖师们又会驻锡不同的寺院，所以，每个宗派总是有多个祖庭。

八大宗派的历史已经有一千多年，祖庭与此相同，一般也具有千年以上的历史。祖庭的文化底蕴总是与这个宗派直接相关。如果说祖师谱系体现了宗派的传承，那么祖庭沿革则是宗派变迁的一种反映。祖师们贡献了自己的智慧，祖庭则见证和承载了祖师的智慧，并由此塑造了自己的文化特色，不断丰富着自己的底蕴。所以，在中国，祖庭一直是佛教神圣性资源的重要组成部分。过去，我们佛教界一直很重视宗派，但我们往往比较忽视祖庭的价值。另外，我们也疏于对宗派历史与思想进行通俗化传播，于是，宗派及其祖庭这种文化资源的价值并未得到充分的发挥。

改革开放以来，特别是进入二十一世纪以来，陕西省政府有关部门开始重视佛教祖庭文化。2005 年陕西省政府组成宗派祖庭调研领导小组，时任副省长的张伟担任组长，对陕西境内六大宗派之祖庭进行了全面的调研，形成画册、专著、电视专题片和专项规划等四项成果，叶小文、释学诚、黄心川等名家担任顾问，陈忠实、魏道儒等各界名流出席了成果发布会，影响曾盛一时。这次调研激发了很多人对祖庭的兴趣，并引起有关部门对祖庭文化资源的重视。

2014 年 6 月，大慈恩寺、兴教寺、大荐福寺、大佛寺等四处陕西境内的佛教寺院成功进入联合国世界文化遗产名录，其中三处都属于佛教宗派的祖庭，佛教祖庭的名声由此大振，并因此引起了很多人对佛教宗派及其祖庭的关注。与此同时，陕西省政府也更加重视祖庭文化资源的保护和利用。2014 年 6 月 17 日，时任陕西省省长的娄勤俭在时任副省长白阿莹、西安市委书记魏民洲、时任陕西省宗教局局长徐自立、时任陕西省宗教局党组书记张宁岗、时任西安市常务副市长岳华峰陪同下，对律宗、华严宗等宗派的祖庭进行了调研，并在密宗祖庭大兴善寺召开了汉传佛教六大祖庭住持座谈会。我也参加了调研和座谈会，并在会上就祖庭文化资源的价值和保护利用现状等问题发了言。娄勤俭省长在会上要求，坚持弘扬优秀传统文化，把各宗派在佛教发展中的独特贡献继承好、发扬好、展示好。2014 年 8 月，陕西省委常委、省委统战部部长陈强走访了三论宗祖庭草堂寺、净土宗祖庭香积寺、唯识宗祖庭兴教寺等佛教祖庭，其他时间还走访了华严宗祖庭华严寺及密宗祖庭大兴善寺。

紧接着，陕西省又相继启动了一些新的有关佛教祖庭的项目，其中反响比较热烈的是陕西省文物局负责的六大祖庭打包申遗。据报道，2015 年已进入计划申请列入中国世界文化遗产预备名单的阶段，等待国家文物局对全国的世界文化遗产预备名单调整和审定，将确定最后能否继续申请成为世界文化遗产。

2016 年 11 月份，将在西安召开由中国佛教协会、中华宗教文化交流协会联合主办，陕西省组委会承办的"汉传佛教祖庭文化国际学术研讨会"，会议主题为"祖德流芳，共续胜缘"，分议题为"汉传佛教祖庭与文化弘扬""汉传佛教祖庭与中国实践""汉传佛教祖庭与国际交流"。届时，将有来自海内外的两百多名著名法师、学者和文化名流参会，以期深入挖掘汉传佛教祖庭的文化内涵，探索汉传佛教的现代化道路，总结汉传佛教的文化积淀和发展经验。

除了学术研究之外，中国汉传佛教宗派与祖庭文化始终存在一个通俗化推广的问题。前些年江苏古籍出版社出版了中国佛教宗派通史丛书，但至今没有一套通俗化的宗派及其祖庭丛书。不进行通俗化的传播，宗派的理论建树与祖庭的文化底蕴都难以为社会所理解，佛教中国化的历史经验和博大精深的智慧资源也就难以得到有效的借鉴。

　　李利安教授主编的这套"中国汉传佛教八大宗派及其祖庭丛书"是第一套通俗介绍八大宗派及其祖庭的著作。丛书由八本专著组成，每个宗派一本，系统全面地阐述了八大宗派及其祖庭的历史与现状，尤其是通过祖师谱系的勾勒和理论体系的阐释，揭示了汉传佛教八大宗派的内在结构与基本特性，为读者展现了宗派与祖庭文化的无穷魅力，具有重要的学术意义和现实价值。李利安教授是我多年的朋友，他长期从事佛教文化的研究和教学工作，取得了很大的成就，受到学术界和教育界的一致好评。更为可贵的是，李教授不但是佛教的资深研究者，也是虔诚信仰者，更是佛法的弘扬者。他以担当精神和正信理念护持佛教，堪称智护尊者！相信他这次组织撰写的宗派及其祖庭丛书也一定能得到读者的欢迎。同时，我也希望借助这套丛书的出版，各界进一步密切合作，在佛教宗派与祖庭文化资源的挖掘、整理、保护、利用等方面继续努力，以充分发挥佛教文化在净化人心、提升道德、庄严国土等方面的积极作用。

中国佛教协会副会长

陕西省佛教协会会长　　　　增勤

唯识宗祖庭大慈恩寺方丈

2016 年 10 月 8 日

浩浩宗风传法脉　巍巍祖庭蕴哲思

一

佛教文化方面的丛书已经出版很多了，但既全面系统又通俗易懂地阐释中国汉传佛教八大宗派及其祖庭的丛书这还是第一部。

大家都知道，佛教是中华文化的有机组成部分，不了解佛教就不可能对中华文化有透彻而准确的理解。而一提起佛教，大家往往都会说，中国佛教有三论宗、唯识宗、净土宗、律宗、华严宗、密宗、禅宗、天台宗等八大宗派，不懂这八大宗派就难以理解中国佛教。此言不虚，八大宗派是中国人选择和理解印度佛教的结晶，不但代表着佛教的中国化，而且形成了中国佛教最深厚的理论支撑，是塑成中国特色佛教文化的灵魂。直到今天，任何人学习佛教，只要稍微一深入，无论是探讨《金刚》《法华》《坛经》《华严》《楞严》《圆觉》《深密》《大日》《阿弥陀》及三论等经典，还是领会慈悲、智慧、中道、不二、止观、圆融、唯识、净土、三密等理念，都绕不开八大宗派。

与宗派相伴生的则是祖庭，因为宗派是由祖师创立的，而祖师创宗立派都是在某个寺院之内完成的，于是这个寺院便被奉为该宗的祖庭。一旦被奉为祖庭，便在该宗之中具有神圣的意义，源于儒家的寻根问祖也逐渐成为烘托祖庭地位、拓展祖庭内涵、激励祖庭发展的一种重要文化现象，从而既留下很多美丽的传说，也成为当代各祖庭激发文化自觉、确立文化自信和实现文化自强的重要因素。如果说宗派塑成了中国佛教理论体系与实践体系的灵魂，成就了中国佛教历史的第一精华，那么祖庭就是中国佛教空间载体中文化积淀最为深厚的圣地，与五大名山、三大石窟等具有同样的地位。对所有想深入了解佛教文化的人士来说，宗派与祖庭都是他们不能逾越的思想城池。拿下这座城池，才有机会进入佛教思想的王宫。

前些年江苏古籍出版社出版了一套中国佛教宗派丛书，八大宗派每宗一部通史，堪称宗派研究的里程碑，不过除了纯学术而不利于其价值的社会转化外，也没有对祖庭进行系统研究。近年来陕西省相继就祖庭文化的宣传推广做了很多工作，但始终只限于六大宗派，缺少了最为流行的禅宗和唯一完全由中国人创立的天台宗，而且呈现出注重祖庭而忽视宗派的倾向。将宗派与祖庭统合在一起进行考察，并进行全面、系统、准确、通俗的解读，这一工作一直未能取得重大进展，宗派与祖庭文化在激发智慧、净化灵魂、匡扶道德、提升人文等方面的现实价值也就不可能得到真正的发挥。

改革开放以来，尤其是进入二十一世纪以来，中国经济迅速腾飞，综合国力不断增强，而国人的精神不但没有获得相应的提升，反倒出现了更多的空虚、焦虑、疲惫，信仰缺失，理想迷茫，道德滑坡，内心的紧张与现实的冲突不断增多，精神净化与伦理重塑的呼声日益高涨，从佛教文化中挖掘智慧的借鉴成为对治当代中国精神危机的重要途径。当然，我们也清楚地看到，目前大众接触和吸收佛教智慧的途径还仅仅局限于"鸡汤型"传播路径，尽管实现了生活化和通俗化，但在理论的深刻性、完整性、逻辑性、神圣性等方面都远远不能与博大精深的佛教智慧相呼应，这也是很多有识之士深感可惜的现象。随着文化的昌盛与佛教传播的逐渐普及和日趋深入，告别文化凋敝时代饥不择食的"鸡汤"慰藉，突破浅显单薄的表层说教，为佛教信仰寻求更加厚重的精神给养，为文化交流与传播增添更多精深高雅的元素，为生活实践提供更加丰沛的智慧滋润，这将成为越来越多的中国人的选择，也将成为中华文化发展的必然趋势。所以，具有精湛而深刻的理论情趣的宗派以及诞生了宗派思想并不断走向复兴的祖庭将日益受到世人的青睐，这将是一个不可阻挡的历史潮流。深入宗派，走进祖庭，回味历史，反观人生，在八宗理论的鉴赏中理解中国佛教的微妙旨趣，在八宗修持的体验中领会佛教应对人生困惑的奇特方法，相信你的思维会得到训练，智慧会得到滋养，精神会得到重塑，心灵会得到净化，生命的品质也会获得提升。

二

说起宗派，在中国它总是和学派联系在一起的。中国佛教的学派主要出现在魏晋南北朝时期，而宗派则出现于隋唐时期。学派是对印度佛教的学习与筛选，宗派则是对印度佛教的筛选与改造，从学而后选，到选而后改，完成了从学派到宗派的转换，也从理论与实践两个方面完成了印度佛教的输入与域外佛教中国化的基本进程。相对于学派来说，佛教宗派主要有以下六个特点。

一是通过对传入中国的域外佛教的学习与理解，既完成了经典的鉴别与学说的筛选，也完成了理论的融会与修法的创新，不但形成了独具一格的理论解读，也形成了契理契机的总体改造，代表着佛教中国化在文化深层的最终实现。

二是在筛选、改造的基础上，形成本派内部公认的、完整而相对定型的理论体系和修行体系，并依赖这种相对统一的理论体系和实践体系，划清宗派的界限，形成固定的信奉人群，铸造生存与发展的基本框架，沉淀各自不同的宗风。

三是师徒相承，恪守理论与实践体系的代代相传，形成相对完整的传法体系，确保宗派理论与实践的正统性和权威性，并以这种传法体系为核心，形成文化的认同与情感的亲近，进而凝聚师徒人心，链接同修同道，在传法谱系的延伸中，尽力维系宗派的代际传播。

四是通过判教对在中华大地上生根的外来佛教的各个不同学说进行次第与关系的安顿，在协调宗派关系的同时，完成对自身学说正统性和崇高性的论证，把自己宗奉的学说和其他学说区别开来，并确定为佛法的最高境界。这种判教思想与实践是世界宗教史上的创举，不但带来了佛教派系直接和平友好的相处，而且激发了相互之间的互补呼应与圆融统一，更重要的是确立了自身的文化自信，并不断激发出文化自强，奠定了八大宗派分立共处的基本格局。

五是因为传法体系的建立和师徒关系的维系，以及同门同修之群体的相对稳定，各宗派均形成自己的传法、修持和弘教中心，一般表现为一处或多处相对稳定的道场，有些寺院因为创宗祖师或中兴祖师的驻锡而形成被后世追奉为祖庭的寺院。

六是具有相对明确的派别意识，主要表现为对不与他同的教义和修持的热爱与宗奉，对创宗和传承祖师的认定与崇拜，对道统的认可与维系等。这种派别意识与判教思想相互联系，判教重在处理与其他宗派的关系，而派别意识则重在自我爱护与自我维系。

当然，不同宗派在以上六个方面的表现是有所不同的，有的宗派在学理与修行方面的个性极强，信仰认同性也非常突出，但在传承体系等方面很弱，如净土宗；有的宗派虽有建立在理论认同性基础上的僧团与学说的纵向传承，但在学理的普适性方面极强，以致缺乏个性，很快如雪融化，普润了大地，促使了新的生命诞生并茁壮成长，但不断地消解了自己，如三论宗；有的宗派尽管学理传承明晰，个性也很浓郁，但为整个中国佛教尤其是出家群体所吸收，成为规范性极强的基础性文化体系，从而减弱了独立存在的意义，如律宗；有的宗派理论个性分明，宗奉的群体也相对稳定，但仅仅在极少数精英分子中有短暂的流传，哲学性超过了宗教性，高雅性超过了通俗性，文人性超过了民众性，虽然魅力无穷，但影响面很小，如唯识宗；有的宗派尽管体系严密完整，理论独具特色，但信仰的神圣性与修行的复杂性使其局限于上层，难以在民众中完整推行，后来常规的传承谱系中断，在被迫转型后以另外一种弥散的形态大面积地延续着自己的顽强生命，如密宗。另外，天台宗、华严宗即使在隋唐时代也缺乏强烈的宗派意识。因为学理的认同而形成的相对固定的群体以及相对明确的师徒传承是隋唐时代中国佛教宗派的重要特征，寺院财产与管理的专属性继承、学修群体的组织性排他意识、传法谱系的宗法性沿袭，所有这些严格意义的宗派特性，除了晚唐之后的禅宗之外，隋唐时代的其他宗派都不太明显。

可以这么说，中国汉传佛教的宗派有三大类：第一类是传承认同性的宗派，传法谱系清晰，师徒关系严明，具有宗法性的特色，成为一种综合性的社会存在，属于严格意义的宗派，其中以禅宗为典型，密宗也基本可以划归此类；第二类是法脉认同性的宗派，对学说的领会与传承，对思想的认同与坚守，对方法的推崇与遵行，呈现出思想文化的代际传播，以三论宗、天台宗、华严宗、唯识宗为代表；第三类是信仰认同性宗派，建立在个性分明、心理趋同、修法统一的基础上，可以超越师徒直接传承的限制，属于松散意义的宗派，以净土宗为代表，律宗也基本可以划归此类。当然，这仅仅是一个大略的分类，细究起来，各个宗派的特性识别及其相互关系的划分其实也是一件很难的事情。而且，对宗派划分的方法是很多的。不同的研究宗旨会选择不同的划分方法，不同的划分方法自然会有不同的分类结果。按照我们这种分类方法进行观察，在中国佛教诸宗派中，只有禅宗的宗派传承意识最强，并有长久的延续，且成为宋代以后中国佛教宗派传承体系的主要代表。

宗派曾经是隋唐时代中国佛教走向鼎盛的象征。两宋以后，八大宗派的原有光环逐渐暗淡，以致很多人认为宗派的地位已经让位于菩萨信仰、因果报应、地狱净土、行善积福、经忏法事等信仰性佛教和静避山林的禅修传统。其实，两宋之后的中国佛教远非这么简单，佛教的信仰化、生活化、简易化、功利化、神秘化、民众化成为这个时期佛教发展与存在的基本态势，但在佛教文化的深层存在中，源于宗派、成于宗派、基于宗派的文化主脉始终肩负着滋养佛教思想、框范佛教修行、塑造佛教形态的重任。宗派就像一条暗藏着的轴线，决定着中国佛教的生存与发展走向。可以这么说，宗派不但象征着隋唐时代的佛教繁荣，也支撑着隋唐之后中国佛教的基本体系并始终引领着中国佛教的发展变化，直至今天并将继续下去。总体上看，宗派在中国佛教中的地位主要体现在以下六个方面。

第一，汉传佛教的宗派是中国人引进、筛选、理解、吸收印度佛教的最大成果，是中国佛教理论探索与创新的结晶，既反映了印度佛教中国化的归宿，也代表着中国佛教最辉煌的理论成就，其不但使印度佛教的思想得以继承和延续，实现了续佛慧命、保存文明的伟大使命，而且极大地丰富了中华文化的宝库，彰显了中国人的理论勇气与卓越智慧，为后世中国佛教奠定了雄厚的理论基础和修行实践的基本依据，是中国佛教至今无法逾越的历史荣耀。

第二，中国佛教八宗并存，相互呼应，共成一体，造就了独具特色的中国佛教文化。这些宗派各有其据，各显其长，各传其法，各守其道，因其强烈的个性而形成彼此的分立与呼应，相互的激发与补充，并最终形成多元一体的格局，由此也决定了整个中国佛教的基本体系。在这个多元一体的文化命运共同体内部，各宗派通过判教来解释彼此的分立，形成次第有序、相互包容、圆融会通的宗派关系，这既与中世纪天主教的异端裁判行为相异，也与伊斯兰教分派过程中的激烈对抗不同，中国佛教的宗派并立创造了一种彼此认同、和谐呼应、圆融一体的佛教文化生存与发展机制。这种内在机制既是多元的，又是一体的，所以这种宗派并立是和平友好的，是彼此相成的，是充满活力的。这既是解释中国佛教理论体系和实践体系之特色的最大秘密，也是理解中华文化基本特性的一个前提。

第三，宋代以后的中国佛教，尽管以禅修和念佛为主体，并呈现出浓厚的通俗性、信仰性和生活性，但纵观这段历史，真正具有理论意义的史实依然可以从宗派中找到发展的线索，各个宗派的著作及其所宗奉的经典始终是中国佛教注释与研习的热点，尽管缺少了隋唐时代的理论创新，但佛教自古以来并不以理论创新为追求，而是以佛法的正统为前提，以理论的支撑为基础，以实践的引领为目的，也正是由于宗派经典与学说的持续流行，才足以框范中国佛教的发展趋向，保证中国佛教的理论与实践不致出现大的偏失与走形，中国汉传佛教的正统性才得以保持。

第四，从宏观来看，当代中国汉传佛教，不论是佛教寺院，还是僧团组织，不论是日常法事，还是个体归属，除了禅宗、净土宗、密宗之外，其他宗派均不再具有中国佛教存在形态的支撑性意义。但是，各个宗派的理论成就与修行方法为当今佛教提供了活水源头，而且是取之不尽，历久弥新，呈现出旺盛的生命力和强劲的影响力，这是当今任何一位初具佛教文化的人都知晓的事实，可以说，离开了八大宗派，当代中国佛教的理论形象与信仰魅力将大为降低，所谓佛教理论体系的博大精深也就成了无稽之谈。

第五，除了禅宗之外，其他宗派尽管已经退出了宗派原有的存在模式，但是，这些宗派的经典著述尤其是那些创宗祖师的学说在今天依然被很多人虔诚宗奉，从而形成具有宗派意义的法脉传承和特色僧团，如近代以来由月霞、应慈、真禅等人师徒相承的华严宗，由谛闲、倓虚、明哲等人师徒相承的天台宗，由杨文会、欧阳竟无、吕澂等人师徒相承的唯识宗，另外，弘一大师的律宗和印光大师的净土宗也有深远影响。而在当代，悟光、彻鸿师徒相承的密宗，普陀山妙湛大和尚弘扬的天台宗，台湾海云法师弘扬的华严宗，东林寺大安法师弘扬的净土宗，重庆惟贤长老弘扬的唯识宗，也均宗风鲜明，个性突出，堪称隋唐佛教宗派的当代延续，可见这些宗派的现实意义与影响力是不可忽视的。

第六，在当代国内与国际的学术研究以及佛教界的各级各类佛学院的教学体系中，汉传佛教的各个宗派依然具有指引性意义。很多学者都将研究的兴趣指向宗派，相继涌现出大量的研究成果，而且在未来相当长的时间内，宗派研究将依然是中国佛教学术研究不会轻视的领域。中国佛教与东亚各国尤其是日本佛教的交往，宗派依然是一个极为重要的桥梁。而中国目前各个佛学院的专业划分往往也以八大宗派为指南，并形成以宗派为特色的教学体系。所有这些都显示了宗派在当代佛教中的重要影响，说明宗派不是逝去的辉煌，而是现实的存在。

宗派总是和祖庭联系在一起的。祖庭是宗派的载体，宗派是祖庭的灵魂。祖庭认定的第一因素是祖师，而且专指那些创宗祖师或中兴祖师。所以，我们要先讨论一下什么样的人才能算作创宗祖师或中兴祖师。当然，祖师的认定主要是一个宗派内部根据公认原则的约定俗成，尽管政权、学术、文人、社会大众对祖师的认定也会产生重要的影响。在中国佛教历史上，一个宗派的祖师序列是不同时代逐渐形成的，凡是在该宗派孕育、萌芽、形成、转型的历史进程中做过重要贡献的人都可能被奉为创宗祖师。一般来说，这种重要贡献是指以下五个方面：第一，该宗派所奉经典的翻译者和最初的弘扬者，如三论宗中土初祖鸠摩罗什，唯识宗中土初祖玄奘，密宗中土前三代祖师善无畏、金刚智、不空；第二，该宗派所奉经典的最初和最主要的注释与弘传者，如天台宗的智顗、律宗的道宣、三论宗的吉藏、华严宗的前三代祖师等；第三，该宗派所宗奉的思想与信仰以及修行方法的最初倡导者或最重要的推广者，如净土宗的慧远和昙鸾、道绰、善导及其后的各位祖师；第四，与该宗派理论情趣与修行风格一致或因为具有孕育、萌芽、促成等关联性而被后世奉为祖师，如禅宗的初祖菩提达摩及二祖慧可、三祖僧璨和四祖道信；第五，为该宗派的转型发展做出巨大贡献，从而使该宗派取得巨大进展的，如华严宗的第四代祖师澄观，净土宗第十三代祖师印光等。

讨论了什么样的人才能算作创宗祖师或中兴祖师后，我们再来讨论什么寺院才能算作祖庭。根据我对中国佛教传统的理解，凡是符合以下任何一种条件的寺院，均可视之为祖庭：第一，在历史上被奉为一个宗派之创宗祖师的人，生前著书立说、译经弘教、收徒传法、依法修行的寺院；第二，在历史上被奉为一个宗派之创宗祖师的人圆寂后第一批舍利供奉之地；第三，被奉为创宗祖师的人诞生、出家和圆寂等重大事件发生地的寺院；第四，在该宗派形成之后发生的重大转型与发展过程中产生直接作用，并被奉为该宗祖师的人，其重塑该宗之事的主要发生地。一般所说的宗派复兴主要是指这种具有一定创新性与拓展性的发展，有变化，有转型，有提升，有发展，而不仅仅是一般意义的壮大，如该宗信众的增加，传播地域的扩大，实力的加强等。这样的标准，排除了以下几种情况：第一，虽然也被奉为祖师，但既非创宗也非中兴的祖师，这些人驻锡、著述、弘法、修持的寺院不在祖庭之列；第二，虽然被奉为创宗或中兴祖师，但所驻寺院不是成就该宗诞生或中兴之地（即不是著书立说、译经弘教、收徒传法、依法修行的寺院），也非这些祖师诞生、出家、圆寂之地，则不能算作祖庭；第三，创宗或中兴祖师圆寂后，舍利在第一次安奉供养之后，部分转移供奉之地，也不能作为祖庭。

祖庭在宗派发展乃至整个中国佛教发展中具有重要的地位，主要表现在以下四个方面。

第一，祖庭是祖师驻锡生活之地，养育了祖师生命，留下了祖师的足迹，辉映着祖师的身影；祖师舍利供奉地的祖庭则因为祖师真身常在而别有亲近温馨、神圣肃穆之气韵；同时，祖庭还是祖师灵感的迸发之地和祖师智慧的成就之地，见证了祖师的荣耀和思想的伟大，并因此印证了这块土地的神奇。所以，怀念祖师必然与崇敬祖庭相伴生，这也是与中国宗法制以及天人合一等理念最接近的一种祖庭情怀。

第二，祖庭是中国佛教理论创新的基地，佛教中国化的核心园地。佛教传入中国五百多年之后，一种全新的佛教思想在这里孕育扎根，一种全新的佛教修法在这里破土而出，一种全新的佛教文化体系在这里茁壮成长，从而在这里矗立了中国佛教发展历程中直到今天都堪称之最的里程碑，使这一空间在中华文化发展史上具有了神圣的意义。信仰和传承这种思想，必然对这种思想的诞生地产生情感的认同与精神的皈依。

第三，祖庭不但是宗派思想的诞生地，更是宗派思想传承与沉淀之地，蕴含着宗派的荣光，氤氲着宗派的气息，汇聚着宗派的底蕴。对学习和践行这些宗派理论与修法的人来说，回归祖庭，走进历史，犹如投身祖师的怀抱，沐浴宗派的慧光，在此氛围的感染下，体验祖庭的深厚文化积淀，感受古今贯通的滋味，必然会有意外的收获。

第四，祖庭是宗派的空间遗存，是宗派留存至今的最鲜明的物质载体，凝聚着宗派的历史记忆，是宗派魅力在当代彰显的大本营，是宗派现代复兴的第一阵地。正是由于这些祖庭的存在，宗派的历史才不断被激活，宗派的学说才不断被传扬，宗派的记忆才会转化成新的篇章。今天的各个祖庭都以各自的宗派而树立起文化的自信与自豪，并在文化自觉中努力实现文化的自强。祖庭在这一过程中给他们信心，给他们力量，给他们支撑。如果说在历史上是宗派成就了祖庭，那么在今天却要借助祖庭去成就宗派。

<h2 style="text-align:center">三</h2>

西安电子科技大学出版社于 2014 年获得陕西出版资金资助，出版了王宏涛著的《西安佛教祖庭》一书。王宏涛是我的博士研究生，应他的请求，我为该书作了一篇序言，从而与该书的策划编辑高樱及出版社相关人员也结下佛缘。

一次，我陪西北大学朱益平老师前往香积寺参访，高樱正好也要送刚刚出版的《西安佛教祖庭》一书给本昌法师，于是我们便一同前往。在这次交谈中，我提到翻阅该书的一些感受。我认为祖庭的灵魂在宗派，讲祖庭必须讲宗派。而要想把每个宗派及其祖庭讲清楚，一本书实在是太小了，很多问题只能一笔带过，无法深入。我们过去在祖庭文化方面做了很多工作，但不进行全面系统的祖庭文化解读，任何祖庭资源的保护与祖庭文化的宣传以及其他一些工作都是难以准确到位的。过了不久，高樱突然邀请我来出面组织学者重新编写一套有关祖庭的书，每个宗派及其祖庭一本，共八本，形成一套丛书。我开始比较犹豫，但鉴于她的鼓励与期待，当然也有我自己以及我的团队在宗派与祖庭研究方面长期积累所建立起来的自信，于是就答应了下来。我很快安排人力，以我指导的在校或业已毕业的博硕士研究生为主，共调集了十位青年才俊来承担这项任务。

写作过程中，每本书都遇到了很多问题。大家多次集中，一起讨论，每次讨论高樱都全程参加，每个人都激发出自己的智慧，在协同作战中表现了可贵的合作友爱精神。具体的撰写工作对每个人来说都是一次严峻的考验，好在这支队伍不但是有水平的，也是有担当意识的，更重要的是亲和而默契的。大家经历了艰辛的写作体验，也为自己的生命时光刻下了独特的记忆。九月中下旬，八本书稿相继定稿并交付出版社。在编辑过程中，西安电子科技大学出版社的胡方明社长、阔永红总编辑、陈宇光副总编辑等领导都给予了全力的支持，不但开启了绿色通道，特事特办，而且调集了出版社最强的编辑力量，节假日不休息，沉稳而快速地推进相关工作。其策其法，有胆有识；其情其义，令人感动。

从目前完成的书稿来看，本丛书总体上有以下七个特点。

一是八宗兼备，每宗一册。本丛书的主线是纵向勾勒，横向分类，体系清晰，结构完整。

二是时空落实，主要体现在宗派与祖庭兼备，既有对宗派的介绍，也有对祖庭的描述，有助于实现时空的定位。

三是古今贯通。从渊源讲起，在追溯历史的同时，关注当下的状况，实现了古今的呼应，避免了学术界常见的重古薄今。

四是史论结合。宗派的历史与宗派的学说同等重要，祖庭的沿革与祖庭的神韵均受到关注。

五是解行并重，也就是理论与实践的统一，既注重对宗派理论的解析，也注重宗派理论的当代价值，对于那些在现代生活中具有借鉴价值的学说给予重点介绍。

六是内外同观。佛学也称为内学，佛教以外的学说则被称为外学。从佛教信仰的视角观察，宗派的历史与宗派的信仰一般会更加丰满，而从佛教以外的视角观察，则可能更加客观。二者结合起来，才可能更加全面准确地再现宗派和祖庭的历史与文化底蕴。

七是雅俗共赏。本丛书不追求观点的创新，尽管也有很多创新，而重在追求通俗化的呈现。尽管在通俗化方面也并未达到我的期望，但总体上看，通俗易懂依然可算作是本丛书的一个亮点。

由于时间紧张，本人水平有限，本丛书中不可避免会存在一些问题，渴盼读者慈悲为怀，不吝赐教，帮助我们不断进步。

李利安

2016 年 10 月 5 日　于心苑书屋

目　　录

一、三论宗的历史渊源

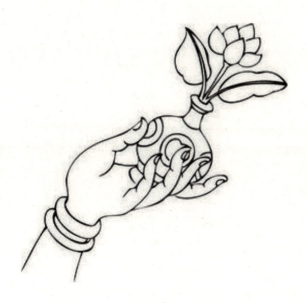

三论宗是印度中观学在中国的传播与发展过程中形成的佛教宗派，是中国汉传佛教八大宗派之一。三论宗因为以《中论》《百论》《十二门论》三部论作为主要立宗经典而得名。三论宗主要阐述般若思想"性空"理论，所以也称为"性空宗"。

三论宗在佛教历史上的出现不是没有铺垫、凭空而降的。三论宗的形成有一个长期酝酿发展的过程，追根溯源，就要从印度的大乘佛教说起。

公元前 6 世纪至公元前 5 世纪，和中国的春秋战国时期类似，印度恒河流域地区也处于诸国争霸，思想界同样呈现出"百家争鸣"的繁荣局面。当时的印度把出家修行者称为沙门，相继涌现出的诸派沙门领袖们竞相立说，并逐渐汇聚为一股冲击当时在印度占统治地位的婆罗门教神学体系的时代思潮。佛教作为沙门运动中的一派，也在这个过程中逐渐发展壮大起来。

佛教的创始人是释迦牟尼，人们称他为"佛"，意思是"圆满觉悟的人"。一般认为他生于公元前 566 年，卒于公元前 486 年，享年 80 岁。大约与孔子同时。

在释迦牟尼创立佛教和他逝世后的 100 多年间，佛教主要在古印度恒河中游一带流传。这一时期佛教徒都奉行释迦牟尼的教法，持戒严谨，基本上都以乞食为生。历史上称这一期间的佛教为"原始佛教"，也称"早期佛教"或"初期佛教"。

随着弟子们对佛陀的教义和戒律的理解出现分歧，佛教分化为上座部、大众部两大派，之后又分成十八部或二十部，这就是佛教发展史上的"部派佛教"时代，是佛教由"原始佛教"向"大乘佛教"发展的时期。

大约在公元纪元前后，一部分佛教徒根据《大般若经》《维摩经》《法华经》和《解深密经》等阐述大乘思想和实践的经典进行修行和传教，从而形成了大乘佛教。很快大乘佛教又发展成两大派系：中观派，以阐述"空""中道""二谛"等思想为主；瑜伽行派（国内称为唯识派），以弘扬"万法唯识""三界唯心"的理论为主。这就构成了大乘佛教中的"空""有"二宗两大系统。由此，人们将早期佛教称为小乘佛教，而将公元纪元前后发展起来的对佛教教义的重新诠释称为大乘佛教。之后，大乘佛教经过龙树、世亲等人的宣扬，得到了较大发展，并传入中国，对中国佛教产生了深远的影响。

佛教创建以后，迅速地向周边国家和地区传播。一大主流传播于东南亚一带，在斯里兰卡、缅甸、泰国、柬埔寨等东南亚国家和我国云南地区，被称为"南传佛教"；另一大主流，沿着丝绸之路传到中国汉地，再传到韩国、日本、越南等地，被称为"北传佛教"或"汉传佛教"；另外，佛教在8世纪左右，沿着喜马拉雅山脉传到我国西藏地区，又传到蒙古，被称为"藏传佛教"。

佛教传入中国大约在两汉之际(约在公元纪元前后)，历史上关于佛教初入中土的记载很多，其中"汉明帝夜梦金人"的故事流传最广。佛教自传入中国以后，其学说思想与中国传统文化进行了长期的碰撞与融合，并最终完成了佛教中国化的进程。一般认为佛教传入中国后在历史上经历了三大发展时期，即：

(1)"格义"佛教时代，在这个时代佛教经典往往被人们用道家思想进行类比解释。

(2)"教门"佛教时代，在这个时代每一个宗派都信奉佛教的一类经典作为教义。

(3)"宗门"佛教时代，中国"禅宗"的出现标志着"宗门"佛教时代的到来。

这三个历史时期的出现是不难理解的，佛教初传中国，作为一种外来文化，它需要借助于中国传统文化，从而获得中国信众的理解与认同。当然格义方法是在特定条件下，佛教为自身发展而创造的一种方法，儒、道的义理与佛教义理毕竟是有区别的，以格义比附的方法来理解佛典容易歪曲佛教义理的本义，导致理论传播的失真，因此，随着传入中国的佛教典籍的增多和中国佛教学者对佛教义理理解能力的不断提高，格义一说便逐渐终止，佛教中国化的道路由此进入了第二个阶段——教门阶段。

来华的佛教学者在中国弘教时所宗奉的大多是自己所属的某一部派的典籍，其学说思想各有差异，因此形成了不同的学说派系。魏晋南北朝之际，影响较大的学说派系有三论学、涅槃学、毗昙学、成实学、地论学、摄论学、律学、禅学等。佛教从两汉之际传入中国，经过魏晋南北朝时期的发展，至隋唐时期走向高潮，最重要的特色便是由不同的学说派系形成了具有中原气派和特色的汉传佛教的各个宗派。本书所要介绍的三论宗，即是其中之一。当然到了宋、元、明、清时期，中国佛教主要是禅宗在流传，后来各宗派又出现了融合的趋势，这就是后话了。

公元3世纪古犍陀罗风格佛像

三论宗源于古代印度的龙树和提婆，传自西域莎车国王子须利耶苏摩，开创于后秦时代的鸠摩罗什，定型于隋代的吉藏，是中国汉传佛教八大宗派中最早创立的一个宗派。一般认为三论宗的学统，在域外是：龙树—提婆—罗睺罗多—青目—须利耶苏摩—鸠摩罗什，在中国是：鸠摩罗什—僧肇—僧朗—僧诠—法朗—吉藏。

鸠摩罗什是三论宗发展的关键性人物，因为他在长安翻译出了三论等大乘中观般若类佛典，对当时中国受玄学影响的"六家七宗"般若思想产生了巨大冲击。由于鸠摩罗什及其弟子的大力弘扬，三论思想盛行一时。到南北朝中期以后，由于《成实》《十地经论》《摄大乘论》等经典的日益流行，中国大地上出现了诸师并起的局面，三论学说陷入低潮。后经"摄山三师"僧朗、僧诠、法朗师徒三代人的努力，直到法朗的弟子吉藏大师著书立说、广开法筵，三论学说才得以再次复兴，形成了具有中国特色的三论思想体系，三论宗至此正式立宗。

唐代以后，由于玄奘大师的声望，佛教思想转入唯识学说，再加上三论宗后继无人，唐末以后逐渐衰败，到明清时代基本失传。直到1912年左右，杨仁山居士从日本请回在中国早已失传的三论典籍，印刻流通，世人才得以一窥三论宗的全貌。

源于古印度的中观学传入中国后，因为主要弘传龙树的《中论》《十二门论》和提婆的《百论》等三论，所以又称为三论学。这三部论都是以大乘佛教般若经典作为理论基础，是对般若思想的进一步阐发。追根溯源，我们有必要简单了解一下印度大乘般若思想的发展历程。

（一）般若经典的出现

印度佛教的般若思想萌芽很早，部派佛教时期的大众部就有了类似的精神。到了公元纪元前后，佛教内逐渐出现了许多讲"性空"、"无住"的经典，这些经典自称是释迦牟尼佛当年所讲的"般若法门"，是只有大根器的人才能领受的无上智慧。这些经典都以"般若"为其理论的核心，所以被称为般若经。

般若经典最早是于公元前1世纪左右在印度南方产生的，后来又传播到西方，并不断完善丰富，到了公元2—3世纪，经过龙树等人的整理和大力弘扬，遍及整个印度。最初形成的般若经典一般篇幅不大，结构精悍，形式朴素。后来经过不断地完善，部头越来越大，内容也越来越丰富。般若经典的集大成者应该是玄奘在陕西铜川玉华宫翻译的《大般若经》，这是佛教史上保存最完整的般若经典。《大般若经》共600卷，有十六会（十六分），包括了般若系的16种经典，其中的初会至第五会称为根本般若，第六会至第十六会称为杂部般若。根据学者们的研究，杂部般若中的《金刚经》是古代印度最早产生的般若经，其次才依次是《小品般若经》《大品般若经》。[①]

① 李利安：《观音信仰的渊源与传播》，宗教文化出版社，2008年4月，100-105页。

1.《金刚经》的出现及早期般若思想

在佛教的经典中，般若类经典占全部佛经的三分之一以上，不但在数量上拥有绝对的优势，而且在义理上也是全部大乘经典的理论基础。在般若类经典中，《金刚经》堪称出现最早、流传最广、地位最高、蕴含最深、影响最大的经典，因此它也是全部大乘佛教经典的代表，被西方人称之为"佛教徒的圣经"。

《金刚经》产生于公元前 2 世纪到前 1 世纪的古代印度。在大乘佛教的信仰体系中，《金刚经》被认为是释迦牟尼佛的智慧开示。因为释迦牟尼所在的公元前 6 世纪，佛弟子们根机不足，很难理解经中的深刻含义，所以在那个时候，这部经一直处于隐没不显的状态。到了释迦牟尼去世后五百年左右，《金刚经》才广泛传播开来。《金刚经》在其产生后的三四百年间，主要在古代印度的范围之内传播。除了经文口耳相传外，许多人开始为其造颂作论。据现有资料，《金刚经》传入中国最早是在新疆地区，最迟在公元四世纪后期，今天的新疆喀什、库车一带已有《金刚经》胡本流传。最早将《金刚经》传入中国内地并译成汉文的鸠摩罗什就是在这个时候获得了胡本《金刚经》。

根据李利安教授研究，在中国历史上一共形成了六种《金刚经》汉语译本，它们是：

(1) 罗什译本，即后秦鸠摩罗什于 402 年在长安翻译的第一个《金刚经》译本，名为《金刚般若波罗蜜经》。

(2) 流支译本，即北魏菩提流支于 509 年在洛阳翻译的第二个《金刚经》汉译本，名为《金刚般若波罗蜜经》。

(3) 真谛译本，即南朝陈真谛于 562 年在今广东惠阳翻译的第三个《金刚经》汉译本，名为《金刚般若波罗蜜经》。

(4) 笈多译本，即隋代达摩笈多于 592 年在长安翻译的第四个《金刚经》汉译本，名为《金刚能断般若波罗蜜经》。

（5）玄奘译本，即唐代玄奘于 648 年在今陕西铜川玉华宫翻译的第五个《金刚经》汉语译本，名为《能断金刚般若波罗蜜经》。

（6）义净译本，即唐代义净于 703 年在长安翻译的第六个《金刚经》汉语译本，名为《能断金刚般若波罗蜜多经》。

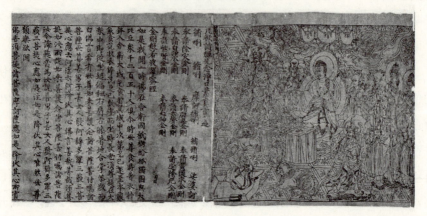

唐刻本《金刚经》

《金刚经》全文约 5400 多字，经梁武帝昭明太子分为 32 章(分)。经中通过佛陀与"解空第一"的须菩提之间的问答，阐述了早期般若思想中的"性空"思想。所谓"性空"，"性"即指事物本来具足的性质、事物的实体，也称为"自性"，是不受外界影响的本质，即不受外在的一切条件限制的本性。与"性"相对的是"相"，所谓"相"是指事物的形象和状态。佛教认为，事物的"相"是一种虚假的存在，因为事物的"性"是空的。般若经所说的"性空"就是说世间的一切事物都是由众缘和合而生起的，众缘合成的万象，其性本空，没有真实的自体。所以，般若学说的性空也叫"缘起性空"。

《金刚经》中全篇没有出现一个"空"字，但是通篇讨论的都是空的智慧，具体可以用"凡所有相，皆是虚妄"和"无住"来概括。在《金刚经》中，佛问须菩提"可以身相见如来不？"须菩提回答说："不也，世尊！不可以身相得见如来。何以故？如来所说身相，即非身相。"佛马上予以肯定，他对须菩提说："凡所有相，皆是虚妄。若见诸相非相，即见如来。"

"凡所有相，皆是虚妄"已经成为千百年来佛家津津乐道的妙语警句，其字面意思是：凡是有相的都是虚妄的，因为真实的相是无相的。这句话具有很深的哲理，"相"作为具体事物的现象和抽象事物的特性，它是人们通过自己的感官与外界的接触或对抽象事物的观想而获得的。由于人的认识器官和认识本身必然存在着许多的缺陷和不足，而外界事物又是不断变化、普遍联系的，所以，人们的认识绝不可能全面地、彻底地反映事物。因此说，即使神圣威严高高在上的如来佛本身，他的身体面貌、功德庄严等一切外在之相，也都是虚妄不实的假象。佛教认为，世俗人们所认识的事物的各种特性及心存的各种观想，都只不过是一种虚妄不真的邪见，只有排除这些虚妄的外相，破除此类谬误的认识，才能透过现象看到本质，即体悟到万法的实相，悟得了实相正是般若法门的本质所在，也是成佛解脱的基本标志。

　　"无住"既是《金刚经》的核心，也是大乘佛教修行实践的最高体现。所谓无住就是不停留，一旦停留，就是束缚、羁绊、执著、不自在、不自由、难解脱。无住就是不执著，也就是说，我们的心不应该执著于外在的一切。不执著的对象不是某一人、某一物、某一事，也非某一类、某一时，而是世间万事万物和彼岸世界的一切以及其他佛教所设想的境界及事类，这一切统称为"法"。但法自身又分为两个方面，一是法性，二是法相。般若学认为法无自性，法性本空，法相虽有，但是假有。所以性空假有、真空妙有便成为般若学中的一个重要命题。人们对法的执著，其实是对假有的法相的执著，人们认为法是实有，则必为相所系缚而不能自拔，不得解脱，所以经文在"于法应无所住"，乃至"不住色"、"不住声、香、味、触、法"之后紧接着又连续提出"不住于相"、"无住相"，从而说明了无住乃是无住于法相的道理。另外无住并非不住，不住于法相，但却住于无住，无住而住才是真心之安住。

2. 小品般若经的出现

随着般若思想的进一步发展，新的般若经典相继出现。在《金刚经》之后出现的般若经是八千颂般若，也就是我们常说的小品般若经。小品般若经在中国历史上曾经多次汉译，留存到现在的还有：东汉支娄伽谶翻译的《道行般若经》（10 卷）、三国吴支谦翻译的《大明度无极经》（6 卷）、前秦昙摩蜱与竺佛念共译的《摩诃般若波罗蜜钞经》（5 卷）、鸠摩罗什所译的《小品般若经》（10 卷）、玄奘译的《大般若经》第四会（18 卷）和第五会（10 卷）、宋代施护译的《佛母出生三法藏般若波罗蜜多经》（25 卷）、宋代施护译的《佛母宝德藏般若波罗蜜经》（3 卷）等共 7 个版本。

小品般若经作为早期般若学的基本经典，是魏晋时期研究和讲授般若学的主要依据。早期的《小品般若》，不论哪个译本，贯穿全篇的核心概念都是"本无"。"本无"可以说是早期般若学的支架。

"本无"一词鸠摩罗什后来译为"如"或"真如"，和"实相"、"真实"、"空性"等属于同等性质的概念，意思是指人的世俗认识所不可能达到的那种实际存在。世俗认识所看到的世界，都带有世俗认识的色彩，不可能把握到佛教所谓的真实性，因此，所谓"本无"也就是世俗认识的那个世界的真实存在。鸠摩罗什的改译，是为了对本来也不是用世俗语言所能表达的那种真实世界作出表达来，在无法说明中，选用一个"如实"的"如"字来进行说明。有时为了强调它与世俗认识中的"假有"世界的根本不同，又称之为"真如"。早期翻译的"本无"与后译的"真如"并不相悖，完全没有离开佛教般若学的基本宗旨。[①]

由此可以看出，"本无"的含义很多：既可以视为对世俗世界及其认识的否定，也可以理解为人的世俗认识所不能达到的自体。作为般若学认识追求的最终目标，它也可以视为佛教的绝对真理。像这样的"本无"，在我

---

① 杜继文：《早期佛教般若学和贵无派玄学的关系》，《中国哲学史研究集刊》，第 2 期，上海人民出版社，1982 年 7 月。

国的固有思想中是没有的,而是早期佛经译者对佛教般若学所作的高度概括。

3. 大品般若经的出现

般若经典发展到了二万五千颂般若时代,可以说是般若经典发展的第三阶段。二万五千颂般若的汉译本有西晋时期竺法护翻译的《光赞般若经》(10 卷)、竺叔兰与无罗叉翻译的《放光般若经》(20 卷或者分为 30 卷)、鸠摩罗什翻译的《大品般若经》(又称《摩诃般若波罗蜜经,27 卷,也分作 30 卷或者 40 卷)以及玄奘翻译的《大般若经》第二会(78 卷),这些都被称为"大品般若经"。所谓"大品"、"小品",是指两部般若经在篇幅上有大小长短的区分,但它们的中心内容是基本相同的。最早传入中国的大乘佛教般若经典是东汉末年的支娄迦谶在灵帝中平年间(184—189)所翻译的 10 卷《道行般若经》,即小品般若经。"大品"的般若经典在中国的最早翻译要比被称为"小品"的般若经典晚一百多年。译介般若经的集大成者是我国著名高僧玄奘,他在晚年以极大的毅力编译了 600 卷的巨著《大般若波罗蜜多经》,从而使汉译般若经得以完备。

唐刻本《大般若经》

般若经的根本思想,是在阐说"缘起性空",即一切存在皆空不可得的思想,同时也强调救济众生的利他精神。空与慈悲的思想成为般若经的两大支柱,此后的大乘佛教思想均由此发展而来。大品般若经中系统阐述了般若学的基本思想，如性空、诸法如幻、诸法皆假名、方便、二谛、法性等，这些思想对人们理解般若学有着重要影响。当时的佛教学者们从中吸收了般若精义，并把般若与玄学思想相结合，对般若学说进行了创造性的解说，形成了各自的宗派，对般若学在中国的发展以及中国佛教思想的发展起到了推动和促进作用。本书所要介绍的三论宗就是这些宗派中与般若学联系最为密切的宗派之一。

（二）龙树及其中观学说

佛教史上有一些高僧成就惊人，也被世人尊为菩萨，这些菩萨都是实有其人，而且有血有肉，为弘扬佛法作出了极大的贡献，比如古印度的龙树菩萨就是其中的佼佼者。相比于观音、文殊、普贤、地藏这四大菩萨，龙树的名气稍显逊色，但他却是实实在在地影响了整个佛教发展的历史。龙树在前人基础上进一步发挥了大乘佛教般若经的空性思想，提出了中道观的宗教哲学思想。中国佛教三论宗源于龙树和提婆的中观学，因此龙树也被尊奉为三论宗的印度初祖。

1. 龙树的生平故事

龙树生活在佛灭后七百年的时期，大约是在公元 150—250 年。关于龙树的寿命有很多种说法，其中有人说他活到了二百岁。龙树生活的年代相当于中国的东汉和三国的时代，和曹操、刘备、诸葛亮是同一时代的人。龙树是南印度的婆罗门种姓，出身于贵族家庭。据说龙树的母亲是在树下生下了他，所以给他取名为"树"，又因为他是在龙宫证道，所以人们尊称他为"龙树"。龙树弘扬佛法，度人之多不可胜数，因此印度各国都有他的弟子和信众对他礼敬供奉，有如佛陀。龙树因为对佛教发展的卓越贡献，在佛史上的地位仅次于释迦牟尼佛，因此有"第二佛陀""无相佛"的美称。但是这位"第二佛陀"在年轻的时候也曾是一个潇洒不羁的青年。

第二佛陀原是不羁青年

龙树天资聪颖，博闻强记，学识超群。在很小的时候，听婆罗门诵读四部《吠陀》经典，其中每部有四万偈，每偈三十二字，龙树只要听过一遍就能全部背诵出来，所以人们用八个字评价他："天聪奇悟，事不再告"。龙树非常博学，几乎学完当时的天文、地理、图纬、秘谶、武术以及婆罗门教典和道术等各种学问，而且领悟能力很强，学过的东西无不精通，所以，年纪虽然不大，但已经驰名四方，成为闻名全国的"学霸"了。

那时候，和龙树一样聪明博学的还有另外三位青年，他们都是龙树的朋友，四个人性情相合，经常相聚一起，谈法论道，被世人视为一时之杰。有一天，这四位青年才俊在一起慨叹说："当下的学问我们都已经学遍，极其幽深难懂的哲理也已经通达，从今以后还有什么能够吸引我们呢？人生在世，驰情极欲是最快乐的，可我们现在还没有学到可以为所欲为的法术，不能纵情逸乐，真是最大的遗憾！"

有一人便建议道："这有何难，世界之大，无奇不有。我们再去学些可以让我们为所欲为的法术，如此一来，不但世间的学问技艺穷尽了，而且还可以尽情潇洒，恣意欲乐，充分享受人生。"

那么，有什么法术可以达到这样的目的呢？不久他们打听到一个会隐身法的术士。四个人在一起商量认为，若能随意隐身，不让别人看见自己，那世间什么事都可以去做了。于是几个人便去登门求教，术士见他们年纪尚轻，动机又不良，所以不愿意传授。但他们认准了这个法术，便一再向术士苦苦请求。

那位术士实在禁不住龙树等人的纠缠，可是要他把法术传授出去，他又不大愿意。他想：这四个人名扬一时，心高气傲，历来目中无人。现在因为学隐身术，这才屈就于我。他们才智绝世，各种学问技艺之中，只是不知道隐身术，如果他们学会了隐身术，必然不肯再屈就当我的弟子。我不妨把隐身药给他们，让他们也可以隐身，但却不知具体方法，他们用完隐身药后，必然再来求我，这样一来，他们就永远是我的学生了。有这样的学生，还怕我不能名震天下吗！

于是术士就给他们每人一粒药丸，同时叮嘱他们："你们在僻静的地方，用水将药丸磨化涂在眼睑上，到那时，你们的身体就会隐没不见，任何人也发现不了你们。"龙树听后当场实验，他闻了闻药丸的气味，对术士道："你一共用了七十种药物合成，对吗？"术士非常诧异，问他怎么知道。龙树就说："我是从气味中辨别出来的。"而且他还把各种药材名称、分量多少一一说出，没有一丝差错，术士自叹不如说："像你这样的人，真是百年难得一遇，听到名字都很难得，何况如今你我有缘相遇，我这种鄙陋的法术，又有什么值得吝惜的呢！"后来术士就把隐身术的奥秘全部教给他了。望着龙树远去的背影，这位术士叹息道："这个年轻人若能将才智用到学问上，必将有惊天动地的作为，真是可惜啊！"

龙树等四人学会了隐身术，便想着法子吃喝玩乐。他们进民宅，逛钱庄，窥私情，探隐秘，所到之处，如入无人之境。这样一来，他们要钱有钱，要物有物，想干什么就干什么。可是他们还觉得不过瘾，竟要分享只有国王才能独有的天下最美的佳丽。于是，四人来到京师，潜入王宫之中，与王妃们混在一起。

龙树菩萨石像

王妃们虽然都是天下最美的女子，可是能得到国王宠幸的毕竟只有少数，大部分女子平时只好独守空房，寂寞度日。如今遇到几位年富力强的小伙子，也就半推半就，于是，龙树等人很快就同王宫里的女子们打得火热。百余日后，宫中的一些美女便怀上了身孕，这下可瞒不住国王了。国王大怒，严加责问。妃子们只好招供说有几个青年人在隐身作弄她们。

国王召集大臣商议对策，有一位年老大臣说："这种怪事，只有两种可能：一是术士捣乱，一是鬼魅作祟。陛下可以派人以细土撒于宫中各处，派人监视查看，若是术士则土上会有足迹，若是鬼魅则没有足迹，鬼魅可用咒语灭除，人则可以用刀斧砍杀。"国王采用了这个建议。龙树等人不知道王宫已经有了防备，他们依然像往常那样潜入宫中，所以很快就被发现了。国王当即下令紧闭宫门，并派出数百位武士，手挥刀剑望空乱砍。其他三人被砍中了，当场现出原形，惨死刀下。只有龙树急中生智躲藏在国王背后，没有被杀死。

龙树逃出王宫后，反思此前经历，幡然醒悟，终于明白佛陀所说，贪欲正是痛苦之本、众祸之根，大凡败德丧身之事都因欲望而起，于是下定决心皈依佛门。龙树来到一座山上，这座山上有一座佛门塔寺，里面居住着一些沙门，龙树拜其中一位沙门为师，剃度受戒，从此出家学习佛法。为了纪念并超度三位死去的伙伴，也为了表示自己的悔改，警戒世人不再重演他们的悲剧，龙树还为三人各栽植了一棵菩提树。

龙宫求经广弘大乘佛教

龙树出家的那座佛塔寺属于当时印度的小乘佛教，寺内所藏的经书并不是很多。九十多天后，龙树便通读了寺内的所有经典。但是对于经中阐释的佛学义理，他总感觉意犹未尽，心里仍不满足。由于那里已没有其他经文可以阅读，于是，龙树辞别师父下山，一路寻访，来到北印度雪山中的一座佛塔下。塔中有一位老比丘，精通大乘佛教的经典，龙树向这位老比丘求教，得到了许多大乘经典。他用心研读，茅塞顿开，从此，由小乘佛法的学习转向大乘佛法的学习。三个月后，他将这里的全部经文都背熟了，依然感到不满足，于是，他又一次辞别师父开始周游各地，想要寻获其他经典。一路上，他还和许多外道学者以及小乘佛教的沙门进行辩论，这些人都辩不过他，均被他折服。

这时候龙树开始产生了一些骄傲的想法，他认为自己的学问已经很高深了，那些外道和小乘佛教都不是自己的对手，而且由于再搜集不到新的经典，他觉得流传于世的大乘佛经自己几乎都看到了，大乘佛法虽然比其他外道思想高明深奥，但也不难穷尽，并不能满足自己的要求。于是，他萌生非分之想，想要别出心裁，自立一派，甚至开始制定本派的戒律，制作本派的服装，准备广招门徒，传教天下。

这时候有一位名叫大龙的老和尚，看见龙树如此行径，知道他已走入歧途，于心不忍，便特地来找龙树，并对他说："年轻人啊！你不能像井底之蛙一样啊！你的智慧学识再高，能超过佛陀吗？你跟我去一个地方，让你看看大乘经典，你再下结论吧！"大龙就把龙树领到了龙宫之中。

其实，所谓龙宫，就是深山之中的一处山洞。那里极为偏僻，一年四季很少有人经过。据说当年诸位大菩萨结集大乘经藏之后，由于暂时无人信受，便把大乘经藏隐藏于几个安全的地方，这个龙洞就是存放大乘经藏的地方之一。后来，人们传说的越来越离奇，有人说龙树是被龙王请到海底的龙王宫殿才得到隐世已久的大乘经藏的。当然这些传说我们也不必去计较真假，总之龙树菩萨因为得到大龙的指引，看到了许多在外面看不到的大乘经藏，这是毋庸置疑的。

龙树在那个神秘的龙洞中看到了数不尽的大乘经典，这些大乘经典，不仅卷帙繁多，而且深奥无比。龙树如饥似渴，昼夜阅读，遇到不明白的地方就向大龙请教，视野顿时开阔，心境也慢慢发生变化，读得越多就越谦逊，对大乘佛法也产生了虔诚的信仰。至此，他终于认识到佛陀教法的伟大无边，所以自然就放弃了另立门户的想法。

这样不分昼夜，经过九十多天，龙树已经读完了非常多的精妙经典。这时候大龙过来问他："这里所藏经典，你都看完了吗？"龙树谦逊地回答说："此处所藏经典，实在无量无数，我一辈子都读不完。这段时间已通读的经典，就已超过世间流传经典的十倍以上。"大龙说道："你所读的经典与龙宫中的全部经典相比，还只是其中极少的一部分，而世间各地还有很多宝库，都与这座龙宫藏经相当，宝库之数，不可胜数。"龙树此时早已明白，佛经浩如烟海，佛法博大精深，没有任何外道可以超越，就算尽其一生也不可能读完所有佛经。

龙树在龙宫中悉心诵读经典，获得了极高的成就。龙树学成之后，又回到南印度，开辟道场，推广大乘，随后，他又针对这些经典，广造论书，大力阐释，到处弘扬，被国王视作"明与日月争光，智与圣心并照"的一代贤圣。四方学子闻其大名，纷纷投奔到他的门下。龙树大力弘扬佛法，摧伏各家外道，广明大乘正法，令大乘佛教大行于印度，被他感化的婆罗门外道不计其数。

从军执戟教化国王

当时南印度的憍萨罗国的引正王不仅不信仰佛教，而且对外道非常崇信，受国王的影响，其臣民也都信奉外道，他们对佛教沙门非常苛刻。龙树听说后就前往宣扬佛法。那个时候刚好该国正在招募禁军护卫，龙树就前去应募，并且顺利入伍，很快升成了一个军官。他在短时期内整顿队伍，严明纪律，使国王的卫队面貌一新。有一天国王出巡，龙树率领着卫队荷戟前行，彩旗招展，步伐整齐，威风凛凛。国王看见后非常高兴，便问侍者："带队的是什么人？"侍者回答："这个人很奇怪，不吃王家一口饭，也不要王家一文饷银，说是来保护国王，整饬军纪。"国王也感觉到很奇怪，就召来龙树问道："你是什么人？"龙树回答道："我是一切智人。"国王非常惊讶，半晌才反应过来说："一切智人旷古少有，你敢大言不惭吗？"龙树说："国王如果不信，可以当场试验。"国王心里想道：我是精研婆罗门教理的，可谓是智人之主，他竟敢当着我的面自称是一切智人，这人绝对不能小看。我如果提出的问题被他解答了，那就证明他确实是一切智人，我必须提一个非常难的问题，让他回答不出来才行。

于是，国王便抬头仰望茫茫天空，问道："既然你是智人，那请问天神们现在正在做什么？"龙树一本正经地回答道："天神们现在正在同阿修罗打仗。"国王一听，就好像喉咙里噎了什么，想吐却吐不出来，想咽又咽不下去。说否定他吧，自己又拿不出什么证据，说肯定他吧更不行，因为这不光使自己先输了一着，而且万一龙树要问自己怎么也会知道天神正在同阿修罗作战，那自己将如何回答。就在国王内心犹豫不决之时，龙树对他说："国王，我可不是信口开河，我说的的确是真实无误的事情，您要是不信，就请稍等片刻，我一定会让您看到确凿的验证。"话音刚落，只见空中有兵器飘落下来，长戟和短兵混杂一起，散落了一地。国王吓了一跳，可还是不想认输，便说："我知道天上正在发生战争，要不然怎么会有干戈矛戟这些战器掉下来呢。可这并不能说明就是天神在同阿修罗作战。"

西藏唐卡里的龙树菩萨

龙树回答说："国王，您不要以为我是虚谈怪论，你既然还不相信，那就请再稍等片刻。"说着，只见空中又掉下来被砍断的手足和耳鼻等物，国王一看，发现这些东西和经典里描述的阿修罗的形象完全一样。国王至此才心服口服。国王再次问龙树："你究竟是什么人？"龙树这才现出比丘身，回答道："贫僧乃是沙门龙树。"国王这时彻底被龙树感化了，他心悦诚服，于是就皈依了佛门。国内所有婆罗门、外道，也都甘愿剃发受戒，从此归信佛教，举国受到了佛法的教化。

应太子请求安然入灭

龙树一生除了周游印度各地学习、弘法之外，大多数时候是居住在当时南印度的憍萨罗国，并且受到了当时的国王引正王的支持。随着大乘般若教法的盛行，小乘和外道势力都受到了沉重打击。为了与大乘争夺势力，外道不断进行破坏，多次兴起辩难，可是每次都遭到失败。南印度外道的势力日益衰落，能与龙树竞争的只剩下小乘了。小乘的一些僧人利用王室中的矛盾，极力拉拢引正王的儿子太子萨达伽尼，以便得到太子的支持，好与龙树展开斗争。小乘的这种策略很快便获得效果，特别是随着引正王的逐渐衰老，王太子的势力日益壮大，小乘的势力也逐渐壮大起来。

龙树大师五明兼修，不但精通作为内明的佛法，而且擅长世间各种技艺，特别是医药之学。尽管龙树一心修习佛法，但他在医药方面的天赋并没有就此消失，有时为了更加便于弘法，他也会使用一些医药之术。后来，龙树发明了一种能够使人延年益寿的草药，按说这种草药的发现应该是一件非常好的事情，老百姓没有不欢迎的，可谁能料到，这种草药用到王室，却带来了麻烦。

原来，引正王经常服用龙树配制的长寿草药，加上受到龙树般若教法的教化，能够自净其心，与民为善，所以身心康泰，虽然年过百岁，依然稳稳当当地活在世上。本来这也算是国家之幸，万民之福，因为引正王实行轻徭薄赋的政策，在他的统治之下，政治清明，国家太平，人民安居乐业。可是，对于太子萨达伽尼来说，登基成王却成了遥遥无期的梦想。

一些小乘法师利用萨达伽尼急于登基的想法，煽风点火，极力拉拢，攻击龙树。小乘法师以为，只要除掉龙树，他们就可以击败大乘教法，就可以树立小乘佛法的绝对地位。小乘法师配合太子除掉龙树，太子则许诺登基以后排斥大乘教法，全力支持这些小乘法师，帮助他们在全国推广小乘教法。于是，双方一拍即合，开始了一系列针对龙树的打击活动，甚至有一些小乘法师，竟然直接找到龙树，对他百般诅咒，叫嚣说，他们实在不愿再看到龙树活在世上。龙树虽然知道这是一群乌合之众，功利所驱，自然不会长久，但是他也知道在南印这块土地上传播佛法，脱离了国主的支持是很难奏效的。常言道，树不伐本，枝条难倾；人主不化，道岂流布。因此当后来太子萨达伽尼亲自来找龙树，希望龙树能够布施自己的人头时，龙树没有拒绝。他叫来了几个最得力的弟子，安排他们到印度各个地方去弘法布道，并给他们做了最后的传法开示。安排完这些后事，龙树回到房间闭关，等到第二天他的弟子们来看他的时候，发现他已经坐化了。

2. 龙树的中观学说

龙树是大乘般若学说的集大成者，在他以前，佛陀的般若法义长期隐没不传，后来虽然在南印部分地区有零星的传播，但也很不完整。龙树从龙宫中获得大量大乘经典之后，便在南印度一带广泛弘扬，般若教法才开始变得完整，流传地域也逐渐扩大。经过龙树整理的般若教法逐渐形成一个完整的体系，这便是大乘中观学，中国三论宗的前身。三论宗，因为采用龙树的《中论》《十二门论》和提婆的《百论》作为立宗的根本典籍而得名，三论宗传承的具体内容就是这些论典所阐述的大乘般若思想。

龙树作为印度大乘佛教发展的重要人物，可以说是大乘中兴之祖，龙树开创的中观学说，令小乘学者大为折服，大乘学者也都奉为圭臬。在佛教典籍里，除了释迦牟尼佛所说的佛经，还有后人解释佛经内容所写的论，龙树精通佛法，造论之多世所罕见，因此获得了"千部论主"美称。

龙树一生著作很多，据西藏所传为 122 种，汉译为 22 种。其主要著作有：《中论颂》《十二门论》《七十空性论》（藏译）《迥诤论》《六十颂如理论》《大智度论》《十住毗婆沙论》《大乘二十颂论》《因缘心论颂》《菩提资粮论颂》《宝行王正论》《龙树菩萨劝诫王颂》等。日本《大正新修藏》收有龙树著作二十五部，其中，建立中观三论体系的论著主要有《中论》《十二门论》和《大智度论》。

《中论》是对小乘佛教以及其他学派进行破斥，从而显示自宗的立破之作。书中对部派的偏见做了彻底的否定，是龙树基本理论之所在。后来《中论》由鸠摩罗什翻译成汉文，共四卷，内容包含龙树的原文五百颂、青目的注释（在鸠摩罗什的时代就有七十多家对《中论》的注释，鸠摩罗什认为青目的注最好，所以一同译出）。

《十二门论》是《中论》入门的书，它是解释《中论》的根本道理的。书的分量不大，只有很少的颂（梵文以八个音节为一个句子，四句为一颂），内容主要是破除小乘偏见，显示自己主张。实际上是龙树另一本著作《中论》的纲要。①

《大智度论》主要解释了当时部头最大的一部佛经《大品般若经》，由鸠摩罗什翻译成汉文，译本有一百卷，还不是全书的全部内容。《大品般若经》的第一品解释是全译了的，约有三十四卷，其他各品照此译下去，当在千卷以上，鸠摩罗什认为中国人不习惯这种繁琐的议论，所以从第二品起，就择要译出，共成一百卷。

龙树的学说成就主要在于他极大地发挥了大乘佛教般若经的空性思想。所谓"空"既不是"零"也不是"空无"，而是指不可描述的实在。他认为世界上一切事物以及人们的认识，包括感觉、概念、意识和地、水、火、风等元素都是一种相对的、依存的关系，是假借的概念(假名)，是不真实的，它们本身没有独立的实体性或自性(无自性)。宇宙万物的真实相是"空"，亦是"中道"。所谓"中道"就是不能用言语分别，不能用概念亲证的一种最高存在，也就是"非有、非无、非亦有亦无、非非有非无"。龙树认为，有为法空，无为法亦空，我空，无我亦空，生死空，涅槃亦空。既然一切皆空，那么，星罗棋布的世间万物又作何解释呢？为了解决这一矛盾，龙树提出了二谛(真谛和俗谛)说。他说，佛陀为那些被无明覆盖的凡夫说法时，采用俗谛，承认世界和众生的真实存在，为那些已经消除无明、洞察真理的人说法时，采用真谛，否认世界和众生的真实性。他认为只有从俗谛入手，才能达到真谛，"若不依俗谛，不得第一义"。

龙树在论述世界的非真实性时，为了破除名相，排除因缘关系，还提出了"八不"的概念。他在《中论》一书的卷首写有这样一首偈子：

> 不生亦不灭，不常亦不断，
>
> 不一亦不异，不来亦不出。
>
> 能说是因缘，善灭诸戏论，
>
> 我稽首礼佛，诸说中第一。

① 董群：《中国三论宗通史》，凤凰出版社，2008 年 7 月，第 78 页。

其中不生、不灭、不常、不断、不一、不异、不来、不出，称为"八不"。用"不"来否定世俗的八种邪执，从而彰显中道的实义，所以称作"八不中道"。龙树认为生灭、常断、一异、来出这四对对立的范畴是一切存在的基本形式，也是人们认识事物的依据，在每一个范畴的前面加上否定的"不"字，说明了事物存在和认识的相对性、不真实性。他的"八不"说，不生不灭是指实体而言，不常不断是从时间方面考察，不一不异是从空间方面说，不来不出是从运动方面来说明的，这四对范畴包含了某些唯心主义辩证法的因素。

从"空"的根本立场出发，龙树不但认为世界是不真实的，而且认为涅槃也是假象，他说："涅槃与世间，无有少分别。世间与涅槃，亦无少分别。"又说"涅槃之实际，及与世间际，如是二际者，无毫厘差别"。"涅槃"在他看来是无得亦无至，不断亦不常，不生亦不灭，是排除了生死干扰的寂灭境地，他认为只要消除无明，就可以达到涅槃。

公元3—4世纪，龙树的哲学思想由鸠摩罗什翻译介绍到中国后，立即在中国佛教思想界引起了强烈的震动，并且很快影响了中国佛教哲学思想的发展方向，对中国佛教很多宗派的形成都产生了很大的影响。当时盛行的佛教流派如般若宗、涅槃宗，都直接以龙树的学说为理论根据，随后发展起来的三论宗、华严宗、天台宗、禅宗和密宗，也都源于龙树及其学说。因此，中国大乘佛教八大宗派都一致尊奉龙树为共同的祖师。龙树的哲学思想随着中国佛教向邻国传播，在朝鲜、日本、越南也产生了持久的影响。龙树将法门传授给弟子提婆后，他的中观思想又得到了进一步的发展。

（三）提婆及其学说

提婆是龙树的弟子，也是印度大乘佛教中观学的重要代表人物，对中观学的发展起了极大作用，他的《百论》后来经鸠摩罗什翻译到中国，成为中国佛教三论宗立宗所依据的三部论书之一，因此提婆也被尊奉为三论宗的印度二祖。

1. 提婆的生平故事

提婆大约生活于公元 3 世纪。有说他是南印度人，出生于一个婆罗门家庭，也有说他是狮子国（今斯里兰卡）人，据说还是一个王子。提婆早年信奉婆罗门教，后来又改宗佛门。在佛教内，又经历了从学习小乘佛教转向大乘佛教的过程。而且他云游印度，寻经求道，苦修苦炼，满腹经纶，是一位天性坦荡自在，有着过人智慧、超群胆略的大宗师。

提婆为什么只有一只眼？

提婆又被叫做迦那提婆，迦那是一只眼的意思，迦那提婆就是单眼提婆的意思。为什么把提婆叫做单眼提婆呢？难道他是一位"独眼龙"？这里面也有一个有趣的故事。

提婆从小就聪明绝顶，博学多才，睿气超群。从六七岁开始，提婆便接受了系统的婆罗门教育，很快就精通了四部《吠陀》、六部大论。加上他思维敏捷，能言善辩，富有主见，所以，很快在全国都非常有名。据说人长得也帅，家世又好，按理说他应该春风得意才是，但是提婆却有一个很大的烦恼，那就是他虽然经常能够在辩论上辩倒对方，但是人们却并不是完全信受他所讲的道理。

当时提婆所在的国家有一座宏伟的天神庙，主殿内供奉着一尊高大雄伟的天神像。天神原名大自在天，又被称做"自在天王"、"自大天"、"天主"，它本是婆罗门教的主神湿婆，被婆罗门教视为世界的本体、万物的主宰。据说凡人间所受的苦乐悲喜，都与大自在天的苦乐悲喜相一致，所以当大自在天高兴时，一切众生都获得安乐；当大自在天嗔怒时，则众魔出现，国土荒乱，一切众生都遭受痛苦。世间的一切生命和事物都是由大自在天而生，当世界毁灭的时候，世间一切万物又都将归入到大自在天中。这位天神一方面具有杀伤、暴恶的性格，另一方面又有救护、治疗的性格，所以既是凶神，又是吉神。婆罗门教认为，大自在天在时间上常住，在空间上遍满宇宙，所以，有人说它以虚空为头、以大地为身、以日月为眼、河海湖泊是它的体液、山丘土石是它的粪便、一切众生都是它肚子里的虫子、一切生灭涅槃都是它的变现。具备如此微妙超绝的神格，自然受到很多人的崇拜，大家有什么愿望都去这个神像前祈求，据说非常的灵验。

印度班加罗尔湿婆神庙

有一天，提婆也到这座神庙里去拜神。因为婆罗门的祭司们认为天神的像至尊至圣，凡俗的人是不可以正视的，所以神像供奉在大殿里面是不给信众们开放的。一般的人去拜神都是在殿门外跪拜，但是提婆是一位非常有想法、非常有个性的人，他经常表现得和一般人很不一样，所以当他来到神庙后就不像一般人那样在殿门口跪拜，而是要进入神殿去拜神。为此他就和看守大殿的祭司争吵了起来，祭司批评提婆说："年轻人，你怎么这么不懂规矩呢！大自在天是我们最尊崇的神，有求必应，大家在朝拜的时候都不敢正视神像，都是在门口拜一下，回去后还得小心保持这份恭敬的心。你为什么非要进去呢？"

提婆说："既然你说大自在天神有求必应，那么我现在要求进入神殿去看看神像，也是一个愿望和祈求啊，神为什么不让我如愿呢？如果神不让我如愿，那怎么还能说这个神有求必应呢？"那位祭司辩论不过他，就只好让他进去了。

提婆在围观信众的簇拥下进入了神殿，看到高大威猛、面相狰狞的神像不可一世地站在黄灿灿的金座上，他就指着大自在天神像喊道："你作为至尊的神灵，应该用智慧和德行来感动世人，怎么能作出这个凶恶的样子来吓唬人呢？你看你浑身都是金子，真是俗不可耐！这又如何令我们信服！"说完，提婆爬到台子上，把神像的左眼珠给抠出来了。

这下可把围观的群众吓坏了，大家都觉得这事闹大了。但是提婆却很淡定，他不慌不忙地站在神台上对大家说："神明是不用靠这些金银珠宝来显现的，神的精神不必依托于外在的物质，所以我今天的做法，并不是不尊敬神明，神也没有因此而受到侮辱。"说完，他就大踏步地走出了神庙。

提婆回去后想了想，今天这件事虽然自己占着理，但是确实做得有点过分。于是晚上的时候他就准备了很丰厚的供品，第二天一大早又来到天神庙供养大自在天神。这次大自在天神没有生气，而是显现成人的样子，来应供了。来应供的大自在天神非常威武，只是左边缺了一个眼珠子，只剩下干枯的眼眶，令人不忍直视。

大自在天神看了看提婆准备的那些供品，对提婆说："这个世上只有你是真正懂得我的心思的人，其他人都只知道崇拜我的形象。你以心来供我，而别人只是以物来供我。所以，知我敬我者是你，畏我诬我者是别人。你的供品很丰富，可谓是尽善尽美，但是却没有我真正需要的东西啊！如果你能给我找来我真正需要的那个东西，才是真正的供养呢！"提婆就问天神："神啊，你想要什么呢？"天神说，"别的我也不缺，我所缺的就是这个左眼珠！"提婆听了毫不犹豫地就把自己的左眼珠抠了出来，双手呈给天神。

就在这时，奇迹发生了。提婆刚剜出左眼，瞬间又长出一个左眼。天神伸手再要，提婆举手再剜，就这样，从一大清早到太阳落山，在剜去眼睛的左眼眶中竟生出无数只眼睛，提婆也布施了无数只眼睛。

提婆经受住了天神的考验。天神极其满意，便对提婆说："善哉！你这个小伙子真是不错！你有什么愿望就跟我说，我一定满足你。"提婆说："神啊！你是知道的，我这个人不看重那些世俗的名利，不关心物质的享受。我最大的遗憾是人们不信从我的言论。神啊，你要是真的可以满足我一个愿望，我希望你能够让我从此以后所说的每一句话都能够有人信从！"天神说："没问题！我满足你的愿望！"

当人们还在为提婆剜去神眼的举动深感震惊的时候，提婆以左眼布施天神的事又像旋风一般，传向全国各地。人们听说提婆从此失去左眼，就送给他一个绰号叫"迦那提婆"，意思就是独眼提婆。

一碗水和一枚针的奥妙

提婆最初是信仰婆罗门教的，后来他改宗佛教，接触学习的也是小乘佛教。当他听说在南印度的案达罗有一位名叫龙树的大菩萨，从龙宫中取得了大量的大乘经典，正在南印度各地大力弘扬时，提婆便去寻找龙树菩萨，想要跟随他学习大乘佛法的奥义。

经过不畏艰难的长途跋涉，有一天，提婆终于来到了龙树的住处。提婆先是见到了龙树的侍者，说明来意，请侍者进去禀告龙树。龙树也早就知道提婆这个人是个不可多得的可造之材，于是就让侍者倒了满满的快要溢出来的一碗水，端出去放在提婆的面前。这要是换了一般人的话，看见侍者给端来一碗水，肯定以为人家这是招待自己，咕嘟咕嘟就给喝掉了。但是提婆毕竟不是一般人，他立即就明白这是龙树在考验自己，龙树的意思是说，提婆啊，你虽然天资聪明，但是你脑子里杂七杂八的东西太多了，像这碗里的水，满得都要溢出来了，你这样还能学的进佛法吗？

提婆心里真的是又惭愧又激动，惭愧的是自己以前恃才傲物，过于自负，激动的是自己终于遇到了真正的明师，一眼就能够指出自己的不足。提婆在口袋里摸了摸，摸出了一根铁针，放到水碗里，铁针一下就沉到碗底去了，然后他又请侍者将这碗水端了回去。龙树菩萨看到侍者端回来的碗和碗里的针，高兴地哈哈大笑，说："太好了，太好了！以后能够得到我的真传，弘扬佛法的，就是这个小伙子啊！"为什么呢？因为龙树菩萨也明白提婆的意思，提婆投一根针在碗里是说，即使佛法像大海一样深邃，我也要像铁针入水一样，一沉到底。

于是，龙树菩萨收下提婆做了自己的徒弟。从此以后，提婆便成为龙树最忠实的弟子。提婆对龙树的大乘佛教中观哲学极为崇拜，所以，学修的兴趣极为浓厚，特别是龙树所著《中论》《大智度论》《十二门论》《菩提资粮论》等书，提婆更是深入研读，认真思考。他学习极为勤奋，修持非常用功，加上龙树大师的悉心指点，所以进步很快。日复一日，年复一年，提婆已完全陶醉在般若中观的无穷妙趣之中。

论辩外道弘传大乘中观法门

提婆所生活的公元 3 世纪的印度是由许多国家组成的，而且存在着各种各样的教派和理论，各个教派之间经常互相辩论，如果辩论输给了其他宗派，就得听从其命令，或者改信其教义，甚至交出自己的性命。

那时，中印度的钵罗耶伽城有一位很有学问的婆罗门，此人平日深居简出，潜心读书，对婆罗门义理很有研究。更为特别的是，这位婆罗门善于"循名责实"，对于任何一个命题或任何一个名称，都喜欢重重辨析，穷究不舍，以探其实，所以，人们称其为"责实婆罗门"。

当提婆在钵罗耶伽宣传大乘佛教，以中观学说抨击外道学说的时候，这位婆罗门正在著作他的论书，他原本不想同提婆直接交锋，可后来听说许多学者同提婆辩论都遭到失败，他便坐不住了。

为了挫败提婆的锋芒，这一天，责实婆罗门领了几个弟子，来到提婆所在的发爪寺，要求同提婆进行辩论。人们得知这一消息后，纷纷赶到发爪寺旁观。

"你叫什么名字？"这位婆罗门发挥他"循名责实"的特长，首先从提婆的名字发问。

"我的名字叫天。"提婆名字的原意就是"天"，可见，提婆的回答是实在的，他既没有回避，也没有改变话题，他倒要看看这位责实婆罗门会如何循名责实。

"天是谁？"责实婆罗门开始了他的责实质问。

三论宗的历史渊源

"我。"提婆依然是有问必答。

"我是谁？"婆罗门又问。

"狗。"提婆的回答出乎人们的预料。一些人不禁笑了起来，但一看提婆那副严肃认真的样子，他们止了笑声。大家皱起眉头，思索其中的深义。

"狗是谁？"责实婆罗门穷究不舍。

"你。"提婆的回答还是那么冷静，丝毫没有诋毁他人的意思。

"你是谁？"这位婆罗门再问。

"天。"提婆的回答又回到了最开始的状态。

"天是谁？"婆罗门的质问开始了重复。

提婆的回答依然如故，婆罗门的质问还在继续，只是态度越来越缓和，语句越来越轻柔，而且是一边提问，一边思考。几个回合之后，这位婆罗门终于停止了他的循名责实。他站起身来，走到提婆的身边，向提婆五体投地，顶礼膜拜。众人一看，无不震惊。

原来，提婆根据这位婆罗门喜欢循名责实的特点，设计了这种循环论法，以被动回答的方式，把本处于主动地位的婆罗门引向一个走不尽的圆圈之中。而在这种走不尽的圆圈中，婆罗门逐渐摸索到提婆的真正用意，进而理解提婆的这种思想，到最后更是赞赏并信奉了这种思想。

提婆在这种循环论法中显示的思想正是般若学说的核心理论，也就是建立在性空假有基础上的万法一体，不一不异，圆融无碍，这与龙树菩萨的"八不"中道是完全一致的。所以，它也正是提婆学说的关键所在。

责实婆罗门一旦归顺提婆，他的弟子们也都纷纷拜倒在提婆的脚下，影响所及，钵罗耶伽城的许多婆罗门都对固有的信仰发生了动摇。随后，中观学成为钵罗耶伽城最受欢迎的教法，在中印度也逐渐发扬起来。

在南印度有一个国家叫案达罗国，因为国王萨达伽尼对佛教没有好感，极力打击佛教的传播，提婆为了度化国王萨达伽尼，让佛教重新在案达罗国弘扬，他答应参加国王举办的无遮大会，和天下的饱学之士进行辩论。这个无遮大会，一般都是由政府举办，推举出一个在学问上的高手，接受全印度所有宗教和学派大师级人物的挑战，通过公开的辩论决定胜负。无遮大会可以说是代表了当时全印度最伟大的思想家之间的交锋。国王要举办无遮大会的消息一发布，全印度各宗各派的大师都来了。提婆在大会开始之前宣布了自己的三个论点："一切圣人之中，佛陀是第一尊贵的；一切真理之中，佛法是最为究竟的；一切修行人之中，僧伽是最值得尊敬的。"然后提婆菩萨当众宣称："所有的论士，如果有一个能破斥我的论点的，我就把脑袋砍下来。为什么呢？因为如果你们能破掉我的论点的话，那就说明我的脑袋是块木头，木头脑袋对我来说是没有用处的，砍了下来也没什么可惜！"

唐卡中的提婆菩萨

那些来挑战的都是一代宗师级的人物，见到提婆如此豪情万丈，也都表态说，"如果我们辩论输了，那我们也割下脑袋就是！"提婆菩萨说："我们佛教是讲慈悲的，不能杀生。如果你们输了的话，就率领你们的徒众剃掉头发，穿上佛教僧人的衣服，改信佛教，你们看可不可以？"那些人都说，"可以！就这么办！"

正式辩论开始了，来自四面八方的论师一一上阵，同提婆辩论。然而，他们根本没有想到，提婆就用这既平常又古老的三种论点，竟然发挥解释得非常圆满、深刻、具有感染力，上阵辩论的论师们纷纷败下阵来。有些知识浅薄、思维迟钝的人，一言便被折服，有些智慧深邃、能言善辩的论师也最多持续两天，便词理俱溃。

这些人也都很讲信用，愿赌服输，只要输了，马上就率领本派弟子剃头换衣服，成为提婆的弟子。主办无遮大会的国王负责给他们提供僧人的僧衣和钵，但是辩论失败拜入提婆菩萨门下的人实在太多了，每天竟然需要王宫派人送来十几车僧衣和钵。这样连续辩论了三个月，提婆不但征服了国王萨达伽尼，而且还摄伏了婆罗门教派和其他许多外道学派，总共度化了一百多万人。经过这次辩论大会，大乘佛法在案达罗国再次兴盛起来。

提婆遇刺感化凶徒

提婆晚年的时候，因为年事已高，难以再继续四处弘法，便一边带领一些弟子在山林里修行，一边著书立说，宣扬大乘佛法。

提婆曾经在一次辩论中辩赢了两位婆罗门，这两位婆罗门是师徒，师父叫做神辩婆罗门，弟子叫做善辩婆罗门。按照当时的风俗，辩论的败方将成为胜方的弟子，改信胜方的信仰。神辩婆罗门一向傲慢自负惯了，实在受不了失败的羞辱，所以辩论失败后便自杀了。善辩婆罗门尽管同师父一样难以承受失败的打击，可是他却畏惧死亡，所以，只好怀着极度的屈辱，作了提婆的弟子。

有一次，提婆独自一个人在树下静坐，这时候那位曾经被提婆辩败的善辩婆罗门冲了过来。原来，这个人觉得自己的师父是被提婆害死的，一直怀恨在心，伺机报复。他冲到提婆面前，拔出匕首，恶狠狠地说："提婆啊，提婆！你用空刀杀了我的师父，现在我就要用实刀杀了你！"说完，一刀深深地扎进了提婆的腹部，再用力一划。

提婆知道自己寿命将尽，他用同情的眼光注视着那个愚痴的恶贼，说道："我的僧衣和钵，就放在我打坐的树下，你可以取去，当做我送给你的礼物。然后你赶紧跑到山上去藏起来，不要下山往平地上跑，因为那样你会遇上我的弟子们，你趁他们还没有来到这里，赶紧跑吧！"那个贼人听了这话，又感激又悔恨，痛哭流涕地拿起提婆的僧衣和钵，往山上跑去了。

倾刻间，提婆的弟子们来到树下，看见当前的情况，伤心地大哭起来，还有人喊着要去追赶凶手。提婆劝住他们，对弟子们说："你们跟我学习佛法这么多年，怎么还不明白法空的道理呢？哪有什么悲哀？哪有什么痛哭？哪有人在行刺？又哪有人被刺杀呢？诸法的本质无实无虚，从诸法的实相出发，实在是没有承受者，也没有为害者。你们为愚痴所欺骗，妄生执著，大呼小叫，必会种下不善的业。要知道，那位凶手所害的只是我过去的业报之身，而不是真正的我，不是根本的我。你们冷静下来，好好地思索这其中的道理，千万不要以狂追狂，以哀制哀，以愚对愚。"说完，提婆安详地闭上了双眼，静静地进入了涅槃。

2. 提婆的著作与思想

提婆一生游历中印度，大兴佛教，以破外道最为驰名，所向披靡，辩无不胜，晚年他闲居山林，集中精力著书立说。提婆菩萨的著作在《大正藏》中收有六部，西藏大藏经中，收有九部，被认为确系出于提婆之手的，则有《四百论》《百论》及《百字论》三部。

《四百论》，全文有四百颂，有藏文的全译本，玄奘的汉译本《大乘广百论本》相当于《四百论》后半部分的二百首偈颂。《百论》，全文有一百颂，有鸠摩罗什的汉译本。《百字论》，全文只有一百个字，有菩提流支翻译的汉译本，有藏文译本。

《四百论》的前八品称为"说法百义"，介绍菩萨行的修行方法，主要从实践的立场来叙述教理，教导人们断除常、乐、我、净等四种执著以及由此产生的各种烦恼，后八品称为"议论百义"，主要是在讲空无自性的思想，并逐一破斥各种偏执与邪见。在这部论中，提婆以中观的"空"来破斥其他异论，将中观的破斥之法发挥到了极点，他的论述以破为目标和原则，而且是破而不立，因为立已在破之中。提婆这种"破而不立"的方法比龙树"破邪显正"的方法可以说是更进了一步。

《百论》的主题是破斥古代印度佛教以外的其他哲学流派，其方式也是"只破不立"，设一个论题，加以批驳，再设一个论题，再批驳。《百论》一书通过"外曰"(代表外论异说)和"内曰"(代表提婆的观点)对论辩难，形成一品。鸠摩罗什的译本中注有"修妒路"的段落是提婆的原文，此外就是世亲的注释。修妒路语句比较简约，它的含义多是借由世亲的注释而彰显的。《百论》的内容主要有舍罪福品、破神品、破一品、破异品、破情品、破尘品、破因中有果品、破因中无果品、破常品、破空品等。

《百论》在印度佛教的发展过程中曾起过重要作用，它广破异家学说，维护了佛教的地位。根据吉藏《百论疏序》介绍，当时在印度为《百论》作注阐发义理的有十余家，其中最重要的是：婆薮和世亲。汉译本问世之后，历代流传，又成为重要的佛教论本。三论学者尊奉此论，不仅吸取论中破有破无的"毕竟空"思想，而且广泛运用其中推理论证的逻辑方法，批驳当时的成实师、地论师、摄论师等。提婆"唯破不立"的思想原则，也影响到禅宗，禅僧主张随机施化，无所执著，就有提婆思想的意味。

提婆的最后一部著作《百字论》非常短小，此论不是用偈颂计算，而是一百个字(梵文句子以音节为划分，八个音节为一句，相当于汉语八个字)。传说《百字论》是提婆被刺以后，在临终之前，用自己的血写下的。提婆能临终时忍痛写出此论，恰恰说明这部论的重要性。在提婆的几部论中，最概括、最扼要的就是《百字论》，读懂了它也就懂了其他论的基本精神。

提婆的这些论著，是采用龙树《中论》的论法，以破斥外道及小乘的教义为立场。从方法论方面看，与龙树"破邪显正"的宗风也是一脉相承的，而且提婆比龙树菩萨破斥得更彻底，连"空"也破。三论宗历代祖师也继承这一方针，形成了三论宗独特的宗风。

提婆作为大乘中观派的理论奠基人之一，在他的老师龙树菩萨的理论基础上对中观学说有了进一步的发挥。提婆认为世间一切事物以及人对这些事物的认识都只是相对的观念，不过是由于人被无明所覆盖而主观臆造的一种假名，世界上各种事物的名称虽然不同，但就它们的实相而言，是没有差别的，一切都是空。有为法空，无为法亦空，诸法空不可得。但他并非只是消极地解释龙树的空观，而是进一步提出了"破想"的正观。所谓"破想"，不单是破除主观的想象能力，而且也是从根本上破除客观上的存在，即破境。提婆认为只有破境，才能破识，证得空见。

提婆还对龙树的二谛说提出了"真假"的问题，他认为"诸世间可说，皆是假非真，离世俗名言，乃是真非假"。他指出，以思维语言了解的法都是假有，只有离开思维语言所了解的法才是真有。也就是说，法若是可说的，那么一定是假非真，如果是真的，一定不可说。因此，为了使人了解真谛，必须从假有的俗谛入手，然后离开假有，才能进入第一义谛(真谛)，这就比龙树不偏于俗、不偏于真的中道说，又前进了一步。在批驳印度其他学派方面，提婆也发展了龙树的学说。他的论证原则是用"空"来破斥异论，主张一破到底破而不立，认为如果立了自宗，就会给人留下反驳的余地，因此，他在破斥外道时，首先声明，自己的武器也是"空"。在破斥方法上，则采用三分法：破有、破无、破亦有亦无。不同于龙树的破有、破无而得中道的二分法。

经过提婆的发展，大乘佛教中观学的理论架构基本完善，提婆所著的《百论》和他的老师龙树著的《中论》《十二门论》成为中观学派的理论基础和主要弘传经典，并直接影响了后来中国三论宗的创建和命名。

(四) 罗睺罗多及其后的中观派

一般认为中观学在印度的弘传大约可分为四个时期：

(1) 原始时期，主要是指佛住世时期演说大乘佛法般若思想的"缘起性空"思想。

(2) 隐藏时期，是指佛入灭以后五百年时间内，佛教主要以小乘思想为主，大乘佛教几乎没有形迹。

(3) 中兴时期，是指佛灭后六百年间到公元 3 世纪末，这一时期主要有龙树、提婆继承和发扬了般若思想，这是中观学思想的初期形成时期。

(4) 弘传时期，是指公元 4 世纪前后，主要由提婆的弟子将中观思想传向世界各国。在第四阶段的弘传时期，又有两个支系比较著名，其中一支由罗睺罗多、青目、须利耶苏摩等向北传播，经新疆由罗什传入中国内地，另一支由佛护等人向东传入中国的西藏。

1. 罗睺罗多与青目

业绍高光：罗睺罗多

中观学在龙树和提婆之后又有一位重要的祖师，那就是被尊为三论宗印度三祖的罗睺罗多。

罗睺罗多是古印度迦毗罗卫国人，迦毗罗卫国位于今天尼泊尔与印度的交界处，是古代释迦族统治的国家，也是释迦牟尼的故乡。罗睺罗多的父亲的名字叫梵摩净德，因为非常有善根，有宿世的德行，所以生出了一个很特别的儿子。罗睺罗多从小就聪慧异常，是一位非常出众的人才。

据说罗睺罗多的家里有一个花园，花园里有一棵树，树上经常会生长出一种像木耳一样的菌菇，味道很美妙。可是这种菌菇只有罗睺罗多和他的父亲两个人可以摘取，其他的亲属仆人都看不到，而且每次罗睺罗多和他的父亲摘取下这个菌菇，树上就会立刻再长出来新的，永远都取食不尽，所以，这棵树可以说是一棵神奇的宝树了。

有一天，我们前面所讲的那位只有一只眼的迦那提婆来到了罗睺罗多的家里。提婆对罗睺罗多的父亲梵摩净德说："您知道为什么您家里会有这样一棵树吗？那是因为您家曾经供养过一个出家的比丘，现在是这位比丘化作了菌菇来报答您，因为您和您的儿子虔诚地信仰佛教，并且供养僧人，所以只有你们两个人可以享受这个美食，而其他人连看都看不见。"提婆又问净德："长者，您今年高寿啊？"净德回答说："七十九了。"提婆对净德说："等到您八十一岁的时候，这棵树就不生菌菇了。"净德早就听闻过提婆的大名，对提婆非常得敬佩，所以他对提婆所说的话深信不疑。他对提婆说："弟子我年龄已经大了，不能侍奉大师您，但我愿意把我这个儿子布施出来，让他跟随大师您出家修行。"

提婆说："在一千年前，释迦牟尼佛曾经预言您的这个儿子，可以作为佛教的一个大教主。我现在遇着您和您儿子，这都是宿世的因果。"

提婆不久之后便为罗睺罗多剃度了，出家后的罗睺罗多先给提婆当侍者，之后，提婆看他可以修行了，就传给他佛法。提婆对罗睺罗多非常器重，随时把这位弟子带在身边，言传身教，无微不至。罗睺罗多也很用功，早参晚修，精研法义，进步很快。

有一天，罗睺罗多把自己撰写的《赞般若偈》呈给提婆审阅。提婆接过来认真阅读，只见上面这样写道：

般若波罗蜜，实法不颠倒，
念想观已除，言语法亦灭。
无量众罪除，清净心常一，
如是尊妙人，则能见般若。
如虚空无染，无戏无文字，
若能如是观，是即为见佛。

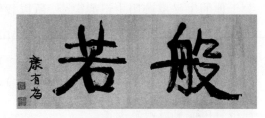
康有为书法"般若"

最让提婆感到高兴的是，罗睺罗多在这篇偈赞中还指出了般若义理中最微妙的义趣，偈赞中说：

若不见般若，是则为被缚。
若人见般若，是亦名被缚。
若人见般若，是则得解脱。
若不见般若，是亦得解脱。
般若波罗蜜，譬如大火焰。
四边不可取，无取亦不取。

提婆仔细看过之后，对罗睺罗多说："你抓住了般若的根本，而般若又是整个中观佛法的根本，中观佛法则是如来教法的最高层次，是统摄全部佛法的总纲，是贯通万千法门的精髓。你只要按照现在这种体悟继续精进，一定会证悟如来的无上圣智，从而荷担如来家业，承续如来慧命，成为众生的导师。"

此后，罗睺罗多继承提婆之风，广破外道，住持正法。再后来，他来到印度的室罗筏城，把法又传给了僧伽难提。之后他就盘起腿来，结上双跏趺坐，对大家说："我要走了！"然后就圆寂了。罗睺罗多因为承续提婆的思想，广泛弘扬中观学说，因此被尊奉为中观派的祖师。

《中论》注释第一：青目

罗睺罗多之后印度中观学派的另一位宗师级人物就属青目论师了。青目的梵文名字叫做宾伽罗，青目是汉文的意译。婆罗门种姓，生卒年不详。关于他的生平事迹历史记载很少，所以我们现在对他的生平故事所知不多。可以确定的是，青目是公元4世纪时的印度佛教僧侣，是提婆的再传弟子，中观派的论师。青目生活的年代与之后的三论祖师莎车王子须利耶苏摩、鸠摩罗什相差不会太多，虽然他并不是罗睺罗多的弟子，但是从时间上看，他很有可能见过罗睺罗多。

这里要简单介绍一下，所谓论师就是指精通论藏或论释佛教经义的僧人。佛教典籍浩繁，分为经、律、论三大类，称为三藏，佛教把精通佛教经藏，善于读诵经文的僧人称为法师，后来到了唐代，道宣开创律宗后，又将专门传授戒法的僧人称为律师。而对经、律、论三藏都非常精通的僧人，一般尊称为三藏法师。《西游记》中家喻户晓的人物唐僧，经常被称为唐三藏，就是因为他的原型就是唐朝时到印度取经求法的三藏法师玄奘。

青目论师是最早为龙树的《中论》写作注疏的论师之一，据说当时印度为《中论》作释的有七十多家，而青目的注释是当时写得最好，最为流行的，不仅盛行于印度，还流传到了西域诸国，在中亚一带极为流行。龙树造《中论》之后，自己又为《中论》作了解释，这就是《无畏释》，西藏有藏文本。相传《青目释》就是青目把自己对《中论》的理解参照龙树的《无畏释》而写的注解。印度越到后期，对《中论》的解释越多，争论也越大。但是青目的注释最能保持龙树原意，被认为是《中论》释中最尽善尽美的释论。

青目对《中论》的释通过罗什法师翻译，传入我国后，其学说得以在中国广泛流传，对我国三论宗影响很大，如三论宗"于""教"两种二谛义，就是依据青目的注释而建立的。因此，青目被尊为中观学的传承之祖，成为三论宗的印度四祖。

2. 佛护与清辨

龙树的性空学自提婆以后，曾经一度比较衰微，直到公元 4 世纪时，有一位龙友的弟子僧护，开始弘扬龙树的学说。跟随僧护学习的，有佛护、清辨、解脱军三个人，而这三人之中，以佛护、清辨两人比较著名。

佛护(约 470—540)，印度中观派论师，与清辨同为僧护的门下弟子，是中观应成派的代表人物之一。佛护在中观思想史上的地位非常关键，但是对他生平事迹我们却所知甚少，据说佛护曾写作了多部论释，但是流传下来的只有一部《中论·佛护释》，他有一弟子名叫莲花慧。

公元 2—3 世纪时龙树所作的《中观论》，是大乘佛教中观学的立宗之本，也是大乘佛教的义理基石。但是《中论》的偈颂行文比较简略，不依靠注释有时几乎无法理解，所以，龙树之后的中观学僧人开始对《中论》进行注释，逐渐形成了一股注释《中论》的风气。最早注释的是公元 4 世纪时的青目，后来从佛护开始，印度论师们才开始更加系统地注释《中论》和阐扬中观思想。

《中论·佛护释》通过为偈颂补充推导过程而建立起归谬论证体系，也就是不正面立论，而是通过举出敌方论点的矛盾之处来表明自己的主张，这一思想体系对

绢画佛像：月称菩萨像

后世的影响非常大。比佛护稍晚的清辨曾著《般若灯论》对这一方法提出批判。清辨援入印度当时流行的因明逻辑学，主张通过逻辑范式构建自己的理论体系，进而批驳敌方。清辨对佛护的批判直接导致了中观"自续派"与"应成派"的分立。7 世纪时期，佛护的再传弟子月称论师又在《明句

论》中讨伐清辨而推崇佛护。在西藏，伴随着后弘期时月称著作的译介，以及后来格鲁派的兴起，佛护、月称的"应成"一系逐渐被奉为了中观正统。可以说中观派思想格局的形成，正是以反对或拥护佛护为分水岭，是发端于佛护，成型于清辨，巩固于月称。

清辨，梵文名叫 Bhavyaviveka，音译为婆维耶毗吠伽、婆毗吠伽，意译为明辨、分别。清辨生活在 6 世纪时的南印度，是秫罗矩咤国滨海秣剌耶山人，出身于刹帝利种姓，曾到中印度学习大乘佛教与龙树的学说，后来回到南印度弘教。清辨是著名的大乘佛教中观派论师，他复兴了龙树中观学，开创中观自续派，传说他与佛护、解脱军同为僧护门下。

因为清辨认为弥勒所作《辨中边论》意旨并不正确，所以想与当时印度另外一位佛教大师护法进行讨论，但却遭到了护法拒绝。相传清辨被护法拒绝后，他回到家乡，暗自忖思："除非是弥勒菩萨成佛再来人间，否则还有谁能消除我的疑惑呢！"说到弥勒菩萨，很多读者应该都比较熟悉，我们一般在佛教寺庙一进门就可以看到的那位大肚能容、笑口常开的佛像就是弥勒菩萨，因为他尚未成佛，所以称为弥勒菩萨。佛教认为弥勒菩萨现在生活在兜率天，56 亿年后将会降生在我们这个娑婆世界并且成佛，因此也被称为"未来佛"、"弥勒佛"。

清辨没法和护法进行论证，所以他只好想办法等待弥勒菩萨的降世。为此，他在观音菩萨像前诵读《随心陀罗尼》，不吃饭只喝水，一直坚持了三年。三年后，观音菩萨现出美好的真身，问清辨说："你有什么想祈求的呢？"清辨回答说："我想要能够长久保留这个身体，等着见弥勒菩萨。"观音菩萨对清辨说："如果是这样的话，我建议你去驮那羯磔迦国，在都城南边的山岩上，执金刚神就在那里，你到了之后诚心地诵念《执金刚陀罗尼》，应该就可以达成你的这个愿望了。"

清辨于是来到执金刚神那里，按照观世音菩萨所说的，专心诵念。三年后，神出现告诉了清辨一个方法，并对清辨说："这岩石里面有一座阿素洛宫，你按照我告诉你的方法请求，这个石壁就会打开。等石壁打开后你就走进去，进去之后就能够等到弥勒菩萨出世。"清辨又问道："这个石壁里面一片黑暗，什么都看不到，我怎么能知道什么时候弥勒菩萨出世呢？执金刚神说："你放心，等弥勒菩萨出世的时候，我会告诉你的。"清辨一听，就不再犹豫，从此专心致志按照执金刚神所教的方法诵读经文，全无杂念。就这样过了三年后，他用咒术，拿了一个微小的芥子去叩击石壁，石壁一下子就打开了，露出一个大洞。清辨走了进去后，石壁又神奇地复合了。这当然只是一个传说故事，但是从这个故事中我们可以看到，在当时的印度，清辨的名气和学识是非常出众的，除了护法，没有人能够有资格和清辨在一个层面上进行讨论和对话，正是因为这样他才会产生等待弥勒佛为他解答疑惑的想法。

清辨擅长因明学，他认为，在论辩时应先建立自宗看法，再用自宗看法辩破他宗，所以称为"中观自续派"。而在教义上，他的见解与经量部相近，因而又被称"顺经部行中观派"。清辨弟子众多，据说有上千人，其中著名的有寂护论师。

清辨的著作很丰富，但很多都已经遗失，只有少量有藏译与汉译存在，主要的著作有《中观根本般若灯释》（又名《般若灯论》）《中观心论》《大乘掌珍论》等书。

清辨大约与佛护同时，不过年纪较小。清辨的学说比佛护更广阔，著作也更多，他和佛护都是注解《中论》的八大家之一，他的《中论注》别名《般若灯论》，汉译本是波颇密多罗译的，共十五卷。除此之外，他还有通论中观的著作，名叫《中观心论》，心就是枢要的意思。《般若灯论》与《中观心论》这两部书有个共同的特点，就是方法论上与佛护相反，认为不管是破是立，都应该自己立论，也就是用因明格式建立比量。另外，他对佛学内部大小乘及佛学以外各派，凡与他说法不同的，一律予以批判。这种批判态度与方法论特点，在《般若灯论》里到处可见，在《中观心论》里也更加集中地分出各品加以发挥。

佛护、清辨为何不是三论宗祖师？

龙树时代以来，其实还并没有成立什么学派。直到清辨时，由于世亲的弟子安慧著作了一本《中论释》，清辨认为安慧的注释有违龙树的本义，所以开始反击他，从此开启了关于《中论》注释的多方争执。

清辨曾经批评佛护只是醉心于破斥，而没有先行提出一个立场，而佛护的传人月称又根据佛护的学说而反驳清辨。清辨和佛护虽然都是站在龙树性空学的立场，但是佛护的论义法是从对方立论之中，找出其矛盾性，从各方面指责对方自相矛盾，证明其不能成立，破邪即显正，并不进而说出自己的主张是什么，所以此派被称之为"必过性空派"或"具缘派"。清辨的论义法，则是建立了自己独特的论式，进而论破对方的立论，所以称为"自意立宗派"或"依自起派"。中观学在印度真正发展成为严格意义上的学派，即是由佛护、清辨开始的。当时唯识学派与中观学派论战，中观的两派之间又互相论战，论书越来越多，争执也越来越大。中观学派成立之后就开始与密教发生了关系，在法统上就再没有像龙树、提婆时期那样纯粹了。

通过上面的介绍，我们可以看到，中观学在龙树、提婆之后发展出了二大系，龙友系下的僧护与青目大约是同一时代的人，僧护之下分了三个支流，其中比较著名的佛护、清辨一派最后传入西藏，形成了"自续"和"应成"两大学派，即是今天西藏的中观学派，这一系与中国汉地所传的三论宗并非是同一个体系。而青目一系后来传到西域，就是今天新疆一带，并最后传入中国，成为中国汉传佛教三论宗的发端。

可见，传入中国汉地的中观学以及由此形成的三论宗和印度后期的中观学派在传承上是有一定差别的，中国三论宗的思想要更接近于龙树、提婆。可以说，中国汉地的三论宗更多的是直接从龙树、提婆的著作里汲取营养，与印度后期形成的中观派其实并没有多少关系。尽管佛护和清辨在中观思想上独具一格，在中观学派的发展上贡献突出，但是并没有对中国汉传佛教三论宗的诞生、发展产生直接影响，因此他们没有被纳入三论宗的祖师之列。

二、三论宗的输入流传

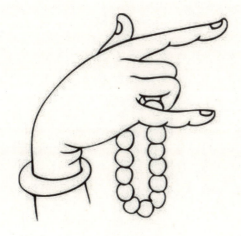

中观三论经由鸠摩罗什的传译及其弟子的弘扬形成了具有中国特色的三论学，并在隋代由吉藏正式创宗。可以说，鸠摩罗什是其中连接域外传承和中国传承的关键人物，是印度中观学在中国发展的灵魂人物。

（一）从须利耶苏摩到鸠摩罗什

中观三论是随着大乘佛教的经典从印度传播到西域，由莎车王子须利耶苏摩传授给鸠摩罗什，再由鸠摩罗什传译至中土，发扬光大。

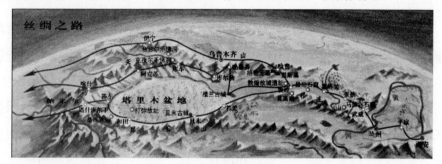

丝绸之路路线图

1. 三论向西域的传播

佛教从印度到中国，并不是空降的，而是有一个漫长的传播过程。佛教在印度产生后，不断向北传播，并通过西域传入中国内地，这是北传佛教的基本路线。西域是佛教北传过程中的必经之地，在佛教传播史上占有重要的位置，中观三论从印度到中国的传播也是以西域为中转站的。

历史上所指的西域，并无一定的范围，而且西域诸国的名称也随着时代的转换而屡有改变。佛教史上的西域，是指佛教从印度兴起后，由陆路东传中国所经的国家和地区。西域在很长一段时间内是大小乘佛教并存的，甚至有一些国家只有小乘没有大乘。三论作为大乘佛教的内容，它们从印度传入西域的时间、路线虽然没有明确记载，但是和当时西域大乘佛教的传播是分不开的。

公元 1 世纪后半叶，大月氏入侵印度，建立了贵霜王朝。公元 2 世纪前半叶，迦腻色迦王掌握了贵霜王国的王权，大乘佛教也是在这个时候因为迦腻色迦王的支持而得到迅速的发展，很快传入西域，先后在莎车、于阗、龟兹和疏勒等国家立足。莎车是西域接受印度大乘佛教的桥头堡，当时集结了许多大乘经典，莎车也是大乘经典向东传播的重要据点，是西域接受印度大乘佛教的一个枢纽。至迟在公元 4 世纪中后期，三论便随着印度大乘经典传播到了莎车。于阗因为和莎车的天然地缘优势，所以受到莎车的明显影响，大乘佛教经典十分流行，般若类的经典当时在于阗也已经广泛流传。

大乘佛教在西域传播的另一个重镇就是疏勒，中国三论宗的发端者鸠摩罗什十二岁时，和他的母亲从罽宾（今克什米尔）返回龟兹，中途到疏勒停留了一年多，跟随侨居疏勒的莎车国王子须利耶苏摩学习《阿耨达经》，于是舍小乘而改奉大乘，并开始研习《中论》《百论》《十二门论》。大乘教在疏勒虽然不是特别兴盛，仍有零星教典流通，甚至罗什最初接触中观三论，也是停住疏勒之际，可见，在罗什之前三论已经在疏勒国有所流传。

鸠摩罗什学习大乘佛法的场所，最先是疏勒，接着是龟兹。龟兹在对印度佛教向中国汉地输入的过程中起着十分重要的作用，无论在佛教语言、译经活动还是艺术上都有着明显的体现。中国内地接受的许多印度佛教文化，不是由印度本土直接传入，而是经过了龟兹的中介发展转变而来。鸠摩罗什时，龟兹举国上下开始弥漫着一股尊崇大乘佛教的风气。《高僧传》记载，罗什在龟兹"停住二年，广诵大乘经论"，国王白纯还给罗什建造了金刚座、狮子座。国王热心礼佛的程度，反映了当时龟兹大乘佛教的隆盛。随着大乘佛教日益受到重视，龟兹王宫内收藏的大乘经籍也逐渐丰富，三论自然也应当是包含在内的。

2. 莎车王子传法罗什

历史上，曾经有许多佛教僧人，他们不畏艰辛，沿着漫长的丝绸之路，前来中国宣扬佛法，在这些外来的异域僧人中，鸠摩罗什可以说是其中翘楚。发祥于印度的佛教，不久传到中亚，传到中国，又传到朝鲜、日本，超越了国界，超越了民族界限，成为世界性宗教。在这背后，不只是鸠摩罗什，还有许许多多今天我们叫得上名字和叫不上名字的僧人，在默默地为之努力、奉献。而鸠摩罗什就是这一群僧人中成就最高、影响最大的一个。

鸠摩罗什的一生，可以说是波澜万丈、艰苦卓绝、风云激荡的一生。而他一生宏伟的译经弘法事业其实是有一个原点的，那就是他少年时期在学习佛学时，他的老师须利耶苏摩交给了他一册梵文法华经，并对他说的一句话："佛日没于西，其余耀将及于东，此典于东方有缘，汝其慎弘传之。"这句话的意思是说，佛教将在西方没落，但会在东方发扬光大，这部经典是与东方有很深因缘的经文，你应当小心在意地去广加传布。可以说，就是这一句话开启了鸠摩罗什东来中国译经弘法的坎坷人生，也成为罗什一生的真实写照。那么这位须利耶苏摩是何许人呢？

须利耶苏摩通常被称作莎车王子。莎车是古代西域国名，莎车国在葱岭东南，即今天的新疆西部。莎车国后来被疏勒国兼并，莎车国的两位王子便出家做了沙门。王子兄弟二人，哥哥名叫须利耶跋陀，弟弟名叫须利耶苏摩，其中这个弟弟苏摩非常了不起，史书记载他才技绝伦，名重当时。苏摩他专门钻研大乘佛法，对于龙树的中观学非常精通，是当时西域有名的大乘高僧。他的哥哥以及当时许多著名的学者都来跟随苏摩学习，可见苏摩在西域的影响力是不小的，蔚然是一代宗师的气派。

鸠摩罗什与须利耶苏摩的相遇是在他跟随母亲从罽宾国返回龟兹的归国途中母子俩游访疏勒国的时候。须利耶苏摩作为当时西域的大乘论师，已经是非常有名的人物。罗什也早就听说过他的大名，罗什来到疏勒国后，求道心切，很快就找到须利耶苏摩，并且和这位大论师认真地进行了讨论，最后他感慨道，自己以前所学习的小乘佛法，就像一个没有见过金子的人，把石头当作宝贝一样。因为和须利耶苏摩的讨论，罗什懂得了大乘经典的可贵，从此心机一转，在苏摩的指导下，努力钻研起大乘佛学来。

三论宗的输入流传

须利耶苏摩也对当时只有十三岁的少年罗什非常看重，尽心竭力地传授他《中论》《十二门论》《百论》这些大乘佛教的中观性空法门，并且在最后向罗什嘱咐要把《法华经》的原典传向汉土。与这位老师的相遇，改变了鸠摩罗什的一生。

关于须利耶苏摩的历史记载非常少，他的生平事迹我们现在已经很难得知，可以确定的是，鸠摩罗什所翻译的《中论·青目释》从印度传到了苏摩大师那里，并由苏摩传授给罗什，再由罗什翻译介绍到中国，须利耶苏摩是印度中观学传到西域的重要继承者。

因为须利耶苏摩门下培育出鸠摩罗什这样的大思想家、翻译家，从而使龙树的中观性空学说在中国汉地得以流传和发展，后来又形成了三论宗，须利耶苏摩在中观学的传承中起到了极为重要的枢纽作用，因此，在三论宗的传承中，须利耶苏摩被尊奉为承前启后、不可缺少的一代祖师。

3. 鸠摩罗什东进长安

虽然上文已经介绍了须利耶苏摩和他的学生鸠摩罗什，但是关于鸠摩罗什的生平故事，这里还是要再详细介绍一下，之所以如此，不光是因为鸠摩罗什是三论宗的东土初祖，在三论宗的发展史上举足轻重，更在于罗什对于整个中国佛教来说，他的影响和贡献也是无人能及的！更何况，罗什本人的故事还非常有趣呢！

新疆克孜尔千佛洞

智慧之子

鸠摩罗什(344—413)，龟兹国人(今新疆库车)，鸠摩是他的姓，罗什是他的名，所以经常被略称为"罗什"或"什"，他的名字意译为汉语叫作"童寿"。

鸠摩罗什的父亲鸠摩炎，是天竺(古印度)人，家世显赫，世代都是宰相，罗什的祖父鸠摩达多，同样也倜傥不群，非常有名。鸠摩炎天赋聪慧而品格高洁，按照当时的制度，本来他应该继承这个宰相的职位，可是他不愿意做官，就喜欢修道，因此他就放弃这些荣华富贵出家了，并且到各处游学，参访明师。鸠摩炎出家的事情当时一下子就在国内外引起了轰动，很多人都很敬佩仰慕他，因此当他云游到龟兹国的时候，龟兹国王就亲自到郊外去迎接他，请他去做国师，就在这里他遇到了鸠摩罗什的母亲。

鸠摩罗什的母亲是何许人呢？她就是龟兹国王白纯的妹妹耆婆。这位耆婆公主是一个聪明非凡而且悟性很高的女孩，凡是读过的经书，必然过目不忘，仅听过一遍的佛经和故事，就能一字不差地背诵出来。耆婆的身上长了一颗红痣，据术士说，这样的女人能生出智力超凡的儿子，于是，周边许多国家的王子都争着要迎娶她。但是这位耆婆公主也不着急出嫁，她之所以待字闺中，是因为她自身的条件太好，眼光也太高，虽然当时来西域各国求亲的王孙公子、达官显贵都要踏破门槛了，但是她却一个也看不上。

可是，耆婆公主见了鸠摩炎后，很快就被他的才学人品给折服了，可谓是一见倾心。她虽然对她哥哥龟兹国王没有说什么，但是他哥哥也是聪明人，一看妹妹对鸠摩炎这么有好感，于是就要把妹妹嫁给鸠摩炎。但是鸠摩炎并不愿意迎娶耆婆公主，因为他是一位出家的僧人，他的志向是一心向佛，钻研佛法，世俗的荣华富贵男欢女爱并不是他所关心的，不然他也不会放下锦绣前程来出家。可是即便鸠摩炎努力推托，龟兹国王也不同意他的想法，他反问鸠摩炎说："出家后难道不可以还俗吗？娶了妻子就不能再读经吗？"鸠摩炎一时语塞，竟然无法辩驳。在国王的坚持下，他依

三论宗的输入流传

照佛教律仪，在当地高僧的见证下，舍戒还俗，脱下僧衣，穿上王室华丽的贵族服装，迎娶了耆婆公主。

没过多久，耆婆就怀孕了。这时候神奇的事情就发生了，耆婆本来不懂印度的梵语，可是当她怀着鸠摩罗什的时候，突然就又会说、又会听，对梵语精通得不得了。不单这样，她还智慧大增，不论记忆力还是理解能力，都倍增于从前。

在当时有一位罗汉名叫达摩瞿沙，他听说了这件事后就对人说："这个女人肚里的小孩，不是平常人，一定是个有大智慧的人。"这个罗汉就讲起释迦牟尼佛的弟子舍利弗尊者，他说："以前舍利弗在他母亲肚子里头的时候，也使他母亲智慧大增，大概这个小孩和舍利弗是一样的。"当鸠摩罗什出生后，他的母亲便突然又全部忘记了梵语。

随母出家

耆婆生下鸠摩罗什之后过了三年，又生下了第二个儿子，名叫弗沙提婆。在这个时候，鸠摩罗什的母亲经常到巧黎大寺去听经闻法，因为她本身的根机非常好，所以听了法师所说的佛法之后，很快就体悟到人在这个世上，一切都是"苦、空、无常、无我"，所以她就发心想要出家。但是她的丈夫鸠摩炎并不同意，本来鸠摩炎也是一心向佛的，但是自从娶了耆婆公主之后，他慢慢地开始留恋俗世的富贵欢愉，不再想着出家了，而且他爱妻心切，也不忍心两个孩子没有母亲，所以他坚决反对耆婆出家。

耆婆是一个非常坚定有主见的女人，她对丈夫说："如果不能出家，宁可死了，也不要在家。如果你不许我出家修道，我就不吃饭，也不喝水，唯死而已！"鸠摩炎就说："不吃饭，不喝水都随你。总之，就是不许你出家！"

耆婆最初绝食，鸠摩炎不以为然，一天、二天、三天、四天、五天，到了第六天，奄奄一息的耆婆还是不吃饭，不但不吃饭，连水也不喝。鸠摩炎一看这样子不行！如果再不许她出家，她就真要饿死了。于是就说："好吧，你要出家，我答应你！"

耆婆出家后非常用功精进，不久就证得了须陀洹初果位（须陀洹是佛教中最初的修行位阶，为沙门四果中的初果）。据说，当时只有七岁的小罗什也跟随母亲一起出了家，小罗什聪颖而且很勤奋，一天就能背诵千偈经文，大约三万两千字，并且对于经文的含义，他大多都能自己通晓，不需老师逐句指导。

举钵悟道

鸠摩罗什出家后有一次在寺院里看到一个很大的佛钵，小罗什或许是出于好玩，他一下子就把那个很重的钵盂拿起来放在头顶上了。可是这时候他忽然想到："这个钵是如此之大，怎么会这样轻呢？"当他这样想的时候，顿时就觉得那钵盂重得不行，不由得大叫一声将它拿下来了。他母亲听到后就过来很关心地问："发生了什么事？"鸠摩罗什惭愧地回答："儿子心生分别，所以钵的轻重便有不同。"

这就是佛教常说的"一切唯心造"的道理，我们从小就被教导，什么东西轻，我们拿得动，什么东西重，我们拿不动，于是我们就被局限在诸如此类的种种分别之下了。但是反而是像小罗什这样纯净的小孩，他们的心常常处于无分别状态，于是就能显现出一些神奇的能力。

寻道求法

鸠摩罗什九岁时，他随着母亲来到罽宾国（今克什米尔），向当时著名的法师、罽宾王的堂弟盘头达多学习小乘佛法。盘头达多见到鸠摩罗什后对他称赞有加，夸他神慧俊才。后来罽宾国王听到了这个赞誉，就把鸠摩罗什请进王宫，同时召集了许多外道论师一同问难鸠摩罗什，结果外道全被折服。从此，罽宾国王更加敬重鸠摩罗什，以上宾之礼供养他。

当鸠摩罗什十二岁时，母亲带着他返回龟兹国。当罗什的母亲带着他路过月氏北山时，有一位阿罗汉见到鸠摩罗什，非常惊异地告诉他的母亲："你应当守护这位小沙弥，假如他能到三十五岁而不破戒，将会大兴佛法，度化无数众生。但是受戒不全，则不能做到，只可能成为才智聪慧的法师而已。"

不久，鸠摩罗什跟随着母亲，途经疏勒国（今新疆喀什一带），在疏勒国停留了一年，学习佛教论藏、外道经书等，而且领会了其中的奥妙。疏勒国有位沙门名叫喜见，对国王说："这位沙弥不可轻视，大王应当请他来宣讲佛法。这样一来，国内沙门就会自叹不如，感到自惭形秽，必然就会精进修行，而且龟兹王历来爱护鸠摩罗什，必然会因为鸠摩罗什的关系和我们遣使交好。"于是疏勒国王同意，请鸠摩罗什升座，讲《转法轮经》，龟兹国王果然遣臣通好。鸠摩罗什在宣讲佛法的同时，还博览各种书籍，并精通了阴阳星算，预测吉凶，每每应验。后来，疏勒国的莎车王子须利耶苏摩给罗什讲授大乘经典《阿耨达经》。经过反复论辩，罗什终于放弃小乘立场，改宗大乘，从此在佛学上造诣更深厚了。

随后，鸠摩罗什跟随着母亲又一路来到龟兹北面的温宿国（今新疆阿克苏）。当时温宿国有一位道士，精通辩才，在西域享有盛名，手击王鼓，并发誓说："若有人辩论胜我，我将斩首自谢。"鸠摩罗什与他辩论，挫败了外道，从此声名鹊起，誉满西域，各国国王都竞相请他去讲法。当他登坛讲法的时候，有些很虔诚的国王会在他的法座一侧跪伏着，让鸠摩罗什踏着自己的背去登上法座。当时，整个西域都流行着这样一股崇尚佛教的风气，现在缅甸、斯里兰卡等南传佛教国家里也还保留有类似的风气。

不久，龟兹王亲自前往温宿国，迎请鸠摩罗什母子回国教化。龟兹国原来流传的是小乘的教法，鸠摩罗什回国后广开大乘佛法，听闻者莫不欢喜赞叹。此时，鸠摩罗什正值二十岁，于是在王宫受戒，跟随卑摩罗叉学习《十诵律》，正式成为一名比丘。

这时，鸠摩罗什的母亲决定前往天竺国参拜佛迹，这一次她打算只身前往。临别时，她对鸠摩罗什说："龟兹不久就要衰败了，大乘佛法要传扬到东土，全得仰赖你的力量。但是这件宏伟的事情，对你而言，却没有丝毫的好处，你怎么打算？"鸠摩罗什回答说："大乘菩萨道，在于忘我利人。

如果能使大乘佛法流传东土，开启蒙昧，洗涤尘俗，那么，即使我尝遍世间的辛苦，也无遗憾。"耆婆很满意儿子的菩提愿心，于是就独自到印度去了，她不久就证得了阿那含果(阿那含是佛教修行者进入圣道的果位之一，为声闻乘的第三果，得证此果位的人将不再回还欲界，也叫不还果)。

鸠摩罗什受戒之后便在龟兹国专心诵读大乘佛教的经书，领悟大乘教法的真谛。不久，龟兹王专门为罗什造了一个金狮子座，铺上名贵锦褥，请他登坛说法。但罗什却推辞说："我在罽宾国的师父盘头达多尚未体悟大乘的妙义，我想要亲自前往为他解说。"龟兹王竭力挽留，两人正在谈论，忽然有人来报："盘头达多来了。"原来，盘头达多听说自己的得意门生鸠摩罗什有非凡的体悟，特地前来看望他。这之后的一个多月，两位高僧就天天在一起讨论佛法，鸠摩罗什将大乘妙义娓娓道来，师徒之间往来辩论，最终还是说服了盘头达多。后来盘头达多反而向鸠摩罗什顶礼，拜他为师，并说："我是你的小乘老师，你是我的大乘老师。" 大乘小乘互为师徒，一时之间传为佳话！

远涉凉州

鸠摩罗什的名声不仅远播西域，也东传到中原地区。前秦苻坚居于关中，早已久闻罗什的大名，并且有想要迎请他到中国来的想法。苻坚建元十三年，太史上奏说在西边的边野出现了一颗闪亮的明星，预示未来应当有一位具有大德智人来到我国。苻坚说："我听说西域有位鸠摩罗什，那位外国的大德智人，一定是鸠摩罗什吧！"

这里要说一下这位前秦皇帝苻坚。鸠摩罗什生活的时代，中国正处于东晋时期的战乱年代，当时北方最大的势力就是前秦。前秦皇帝苻坚，在很多人心中的形象并不是多么高大光辉，因为人们总是记着他在著名的"淝水之战"中的失败，然而，台湾著名学者柏杨却把他和唐朝的李世民、清朝的康熙放在一起，认为这三位才是英明君主。为什么呢？因为苻坚和其他两位一样对人才都非常尊重和信任。苻坚当时之所以能够扫平群雄，统一北方，全靠他对人才的重用。

　　苻坚不仅对政治军事人才倍加爱护与尊重，他对佛教高僧更是求贤若渴。苻坚笃信佛教，他为了迎请高僧，不惜发动了两次战争，一次是公元379年打下洛阳请来道安，一次是公元383年攻打龟兹迎请鸠摩罗什，这在中国历史上是绝无仅有的。而由他发起的迎请鸠摩罗什的行动，可以说在整个人类文化史上都产生了正面的、深远的影响。鸠摩罗什如果没有被战争的风暴掳掠到中国，他很可能终其一生都只在西域一带活动，而西域和印度后来都被伊斯兰文明征服了，佛教几乎不存在了，那么鸠摩罗什的弘法成果、智慧结晶也必定会被历史的风尘掩埋。但鸠摩罗什来到了中国，他为大乘佛教在中国的弘扬做出了巨大的贡献，他翻译的大批高质量佛经，至今都还被佛教信徒们众口传诵。

　　公元382年，苻坚派遣骁骑将军吕光、陵江将军姜飞，率领七万大军，讨伐龟兹及乌耆诸国。临行之前，苻坚对吕光说："帝王顺应天道而治国，爱民如子，哪有贪取国土而征伐的道理呢？只因为想念远方的大德智人罢了！我听说西域有鸠摩罗什法师，他深解佛法，是佛学的宗师，我非常想念他。贤哲的圣者，是国家的大宝，如果你战胜龟兹国，要赶快护送他返回。"

　　吕光的军队刚从长安出发，远在西域的鸠摩罗什就预测到了，他告诉龟兹王白纯："龟兹国运要衰微了，将有强敌从东方攻来，您应该恭敬迎接，不要派兵反抗。"但是龟兹王不听劝告，当吕光大军来到龟兹，白纯率军奋力抵抗，最后被杀。吕光攻克的龟兹，另立白纯的弟弟白震为国王。吕光这个人骁勇善战，但是性格粗暴，对佛教也没有什么感情，看不起出家人。他虽然按照苻坚的吩咐出兵得到了鸠摩罗什，但是他心里总是认为这么劳师动众，耗费国资，抢来一个穷和尚有什么用？智人有什么了不起？他也是一个鼻子，一张嘴巴，和我们一样要吃饭。所以，在吕光掳获鸠摩罗什后，他对罗什很不尊重，经常把他当凡夫俗子一样来戏弄。吕光强迫鸠摩罗什与龟兹王的女儿成亲，鸠摩罗什苦苦请辞，吕光就说："你父亲当年也是出家人，他可以和国王的妹妹成亲，你为什么不能和国王的女儿成亲呢？"随后他就叫人强迫罗什喝下了浓酒，把罗什和公主关在一个房间里，强迫他和公主同床。后来吕光又命罗什骑猛牛和乘恶马，取笑他从牛背和马背跌落的滑稽相。几番的恶意捉弄，鸠摩罗什都丝毫没有怒色。最后，吕光感到惭愧，才停止了轻慢的行为。

　　吕光率军返国，有一次中途在一座山下扎营休息。鸠摩罗什说："不能在此地停留，否则全军将士必定狼狈不堪，应把军队迁往山顶。"吕光根本不理睬罗什的建议，结果当天晚上大雨滂沱，山洪暴发，将士死亡有数千人。这时，吕光才暗自感叹罗什的神异。罗什又对吕光说："这是凶险死亡的地方，不宜久留，推算时运和定数，你应该赶快率兵返国，中途一定可发现福地，适合居住。"吕光赶忙听从了鸠摩罗什的建议，迅速率军离开了。当大军到达凉州（今甘肃武威）时，吕光听闻苻坚已被姚苌杀害，姚苌取而代之，做了皇帝（史称姚秦）。老东家既然已经不在了，之前安排护送罗什回国的事情，当然也就停下了。吕光就在凉州这个地方建立了自己的政权，国号为凉（史称"后凉"），建元为太安。鸠摩罗什也就滞留在了凉州。

新疆克孜尔千佛洞前的鸠摩罗什像

　　鸠摩罗什在吕氏政权的掌控下一共生活了十七年，因为吕氏王族都不太信仰佛教，所以也都没有认识到鸠摩罗什的价值，因此在这期间，鸠摩罗什几乎没有弘法的作为，但他用心学习汉语，为以后的翻译工作打下了良好的基础。这一时期，鸠摩罗什留在史书上的事迹并不多，相传只有几个比较准确的预言而已。比如，他预见了吕光的儿子吕纂会在一次平定叛乱中失败，预见了吕光大臣张资的病无法医治等。

　　吕光有一位非常器重大臣叫张资，有一次张资卧病在床，吕光十分焦急，请了许多名医来为他治疗，但是都没有效果。当时有一位名叫罗叉的修行人，自称能够治好张资的病，吕光信以为真，赏赐给罗叉许多珍宝，请他来给张资治病。鸠摩罗什得知后就前往告诉张资："罗叉不能治愈你的病，只是徒劳无功罢了！人的运数虽然隐微不见，但可以从某些现象来测知。"张资后来服用了几天药剂，便病故了。之后不久，吕光也去世了，吕光的太子吕绍便继承了帝位。但过了不久，吕绍同父异母的哥哥吕纂就杀害吕绍而自立，建元咸宁。

吕纂咸宁二年，凉州城出现了很多奇怪的现象，一只母猪生下小猪，有三个头，又有人夜里看见一条飞龙从皇宫东厢的井中出现，爬到大殿前蟠卧，等到天亮时又消失了。吕纂认为这是一种祥瑞，所以称大殿为龙翔殿。不久，又有人看见有一条黑龙在九宫门前飞跃，于是吕纂又把九宫门改为龙兴门。鸠摩罗什对吕纂说："近日妖猪出现，是象征怪异的事将要发生。潜龙出游，也不吉祥。龙属于阴类，出入有定时，但是近来常常出现，这象征着灾害将要来临，一定会发生部下篡位的事。"但是吕纂一点都不当回事。

有一次，吕纂和鸠摩罗什在一起下棋。吕纂吃掉了鸠摩罗什的一颗棋子，吕纂说："杀胡奴头。"鸠摩罗什回答："不能杀胡奴头，胡奴将杀人头。"鸠摩罗什的话，是一语双关，有影射的意义，但是吕纂当时并没有醒悟。吕光的弟弟吕保，有一个儿子名叫吕超，小字胡奴，后来杀死吕纂。此时，大家才恍然大悟鸠摩罗什的预言。

鸠摩罗什在凉州停留了十七年之久，吕光父子不信奉佛法，鸠摩罗什不能施展抱负弘传佛法，只好韬光养晦。姚苌后来听说鸠摩罗什的名声，就多次派人请罗什，但后凉吕氏不放，担心他的智谋为姚秦所用，与己不利。直到姚苌的儿子姚兴即位后出兵攻打凉州，罗什才被迎入关，这时他已经五十八岁了。

长安译经

公元401年12月，鸠摩罗什抵达长安。姚兴非常高兴，以国师之礼来迎接鸠摩罗什，两个人一见如故，连续几天形影不离，无话不谈。第二年，姚兴就请罗什到终南山北麓圭峰脚下的大寺翻译佛经，又遴选了一批优秀的佛教僧人，例如沙门僧䂮、僧迁、法钦、道流、道恒、道标、僧叡、僧肇等一共八百多人到译场跟随罗什译经。

佛教自从东汉明帝时传来中国，历经魏晋诸朝，翻译的经典渐渐增多，但是因为译经的人大多都是外来的僧人，他们对于中国人的语言和思维习惯并不是非常了解，所以翻译的作品大多数并不流畅，读起来晦涩难懂。而鸠摩罗什在凉州停留了17年，通晓汉语，熟悉中国人的生活、文化和思维习惯，加上他博学多闻，精通梵文以及西域少数民族语言，熟悉各种文本的佛经，因此，他翻译的经典，准确流畅而且契合佛法妙义，广受中国信众的喜爱，很多罗什翻译的佛经，后来虽然也有人重新翻译，但是罗什翻译的版本至今仍然是最流行的。

说到译经，这里有必要多说几句。所谓译经，通常是指将梵文或者其他语言的佛典翻译为汉文。从事译经的僧侣称为译经僧，翻译经典的场所叫做译场。在古代译经家之中，有"五大译师"的说法，是指鸠摩罗什、真谛、玄奘、不空、义净这五位译经师。另外，像竺法护、菩提流支、善无畏、金刚智、实叉难陀等人也都是名重一时的佛典翻译家。古代佛经翻译很多是由国家组织的，所以翻译出来的佛经题目后经常会有"某某某奉诏译"的题署。历史上属于朝廷设立的官方译经场大多都是设在长安，此外洛阳、建康(南京)等地也都曾经是非常重要的翻译重镇。

佛经翻译一般可以分为单译、重译两种。单译，又称为一译，是指同一经典只翻译一次。重译，又称为异译或同本异译，即同一经典有两次以上的翻译。由于经典在印度、西域的流传过程中，随着时空的演变，同一经典流传到中国来的版本在内容上经常或多或少的有一些差异，因此历代同本异译的经典，无论内容还是篇幅也往往不尽相同。

佛经翻译是中国翻译事业的起点。[①] 我国历史上真正的翻译活动可以

① 史飞翔：《终南守望》，陕西人民出版社，2015年10月，第154页。

三论宗的输入流传

说是从佛教传入我国后开展的译经活动开始的。最早有文字记载的佛经翻译是西汉哀帝元寿元年（前2年）贵霜帝国大月氏王派遣使者伊存来到中国口授佛经，博士弟子秦景宪协助伊存记录保存的《浮图经》。中国的佛经翻译活动大体上经历了两个阶段。第一阶段是从西汉哀帝年间（前25—前1）至东晋后秦（384—417）的大约四百年。第二阶段是从后秦弘始年间（399—416）鸠摩罗什来长安到唐武宗会昌五年（845）。

在为期八百多年的佛经翻译活动中，长安终南山一带的佛经翻译活动尤其值得关注，因为中国历史上第一座国立佛经译场——草堂寺就坐落在这里。根据史飞翔先生的研究，从隋代到唐代是我国佛经翻译事业高度发展的时期。隋朝已设立了正规的、永久的国家译场，到了唐代，译经事业更是达到了鼎盛时期。唐朝三大国立译场大兴善寺、大慈恩寺、大荐福寺都在长安，这足见当时翻译活动的活跃。而且，影响最为深远的道安的译经活动、鸠摩罗什的译经活动、玄奘的译经活动都是以长安为中心。

释道安（314—385）在中国佛教史上有着重要的地位，被鸠摩罗什称誉

武威鸠摩罗什寺鸠摩罗什像

为"东方圣人"。他于公元365年编纂了《众经目录》，制定了僧尼规范，开启了出家人姓"释"的先声。公元379年他在长安主持前秦国家译经场院，译经百万言，成为中国历史上著名的译经大师。由他总结的"五失本、三不易"的翻译原则为后世的译经工作指明了方向。后来隋彦琮的八备十条、唐玄奘的五不翻、宋赞宁的六例说等翻译原则，都是以道安五失本、三不易为参考的。

鸠摩罗什作为著名的佛经翻译家，与玄奘（602—664）、真谛（499—569）、不空（705—774）并称为中国佛教四大译经家，也有人将鸠摩罗什与玄奘、真谛、义净（635—713）并称为四大译经家，不论如何鸠摩罗什的地位和贡献是毫无

争议的。关于鸠摩罗什译经的情况，我们后面再做详细介绍。

玄奘，因为《西游记》成为中国家喻户晓的人物，他西行印度 17 年，其间历经艰辛，回到长安后就一心扑在译经事业上。先后在弘福寺、大慈恩寺、玉华宫译经，历经十九年，共译出经论七十五部，一千三百三十五卷，约一千三百万字，占唐代译经的一半以上。

可以看到，长安的佛经翻译既有草堂寺、大兴善寺、大慈恩寺、大荐福寺这样的国立译经场所，也有释道安、鸠摩罗什、玄奘这样的大翻译家，这就使得长安的佛经翻译活动在整个中国翻译史上占据了十分突出的地位。佛经的翻译过程就是佛教中国化的过程，长安的佛经翻译活动作为中国翻译事业的起点，对两千年来的中国历史、政治、宗教、哲学、建筑、艺术和日常生活等诸多领域产生了不可估量的影响，发挥了举足轻重的作用。

吞针娶妻

鸠摩罗什来到长安以后，受到了姚兴的特别重视和尊敬，重视到什么程度呢？这里有一个很有趣的故事。

皇帝姚兴有一天找到鸠摩罗什，要让罗什结婚。为什么呢？这一次并不是像吕光逼迫罗什结婚那样是为了让他破戒，捉弄他。而是姚兴考虑到了一个重要的问题，他想到鸠摩罗什太有智慧了，没有人可比，如果这样有智慧的人，不留下一个后人，那实在是太可惜了。如果让鸠摩罗什结婚，生出一个和他一样有智慧的儿子，这样不论是对佛教还是对国家都是大大的好事！于是，姚兴挑选了十二个绝色美女，赐给鸠摩罗什，并且给他单独盖了房子，不住在寺院里，鸠摩罗什没有办法推辞，也就接受了，后来还生下了两个儿子。这样的皇帝，这样的高僧，在整个中国历史上也是空前绝后独一份的！

可是，鸠摩罗什接受了姚兴赏赐的美女之后，问题就出现了。鸠摩罗什的第一次结婚并没有产生什么不良影响，但是这第二次就不同了。出家人是非常重视戒律的，当时鸠摩罗什的译经场里有三千多名僧人，有的人一看到鸠摩罗什妻妾成群，过得逍遥自在，就批评他破戒，而有的人则开始效仿。这种情况的出现对佛教的形象和声誉都是极为有害的，对于译经事业也是很不利的，鸠摩罗什很快意识到不能任其发展，必须想办法制止。

有一天，鸠摩罗什和僧人们一起过堂(佛教把出家人吃饭叫过堂)，过堂吃饭的时候，每一个法师面前没有别的东西吃，碗里只有一根缝衣针。鸠摩罗什就对大家说："今天我们没有饭吃，就吃这个针！"这些僧人，你看我，我看你，没有一个人敢吃这个针。鸠摩罗什这时候就说你们不吃啊，好，那我吃，他一下就把针吞下了。针吃完了，鸠摩罗什就对僧人们说："你们谁要是能像我一样把针吃下去，谁就可以像我一样结婚。"那些想学他的人都目瞪口呆，非常惭愧，再也不敢效仿了，那些批评鸠摩罗什的人再也不敢小看他，对他又尊敬起来。以上这个故事，也可能仅仅是一个传说，或者是一个历史的误会。我们更应该透过这一传说，体会一代大师的方便与智慧。

舌不焦烂

鸠摩罗什一生，翻译的经典，有三百多卷。他圆寂的时候，向僧众们告别说："我们因为佛法而相逢，然而我却将要离去。如果我翻译的经书能够保存佛陀本来旨意，没有错误，我希望所有翻译的经典，能够流传于后世，发扬光大。如今我在大众面前，发诚实誓愿，如果我所传译的经典没有错误，愿我的身体火化之后，舌头不会焦烂。"

后秦姚兴弘始十一年(409)八月二十日，鸠摩罗什在长安圆寂，在逍遥园火化。当灰飞烟灭，他的形骸完全粉碎，只有舌头依然如生，他的弟子们将他的舌头建造舍利塔供奉，这就是中国历史上唯一的一个舌舍利。这正应验了他生前的誓愿，留给我们无尽的沉思和缅怀！

(二) 鸠摩罗什与中观学的传译

鸠摩罗什在长安的传教译经中，尽管他的翻译范围并不限于"般若""三论"系统的空宗典籍，但他传授的思想主要还是中观学思想，他对印度中观学典籍《中论》《十二门论》《百论》以及《大智度论》的翻译和弘讲，在当时形成了一股三论学的风潮，被称为关河三论学派，为后来中国三论宗的创立奠定了基础。

1. 鸠摩罗什与中观论典的翻译

佛教的传入与佛经的译介几乎是同时进行的，鸠摩罗什作为中国佛教四大译经家之一，他在长安组织了中国历史上第一个国家官办性质的译经场，在来华的十一年时间里，他悉心从事译经工作，译出佛典四十部共三百多卷，涉及的内容非常广泛。

鸠摩罗什的翻译以意译为主，而且注意修辞，很有文采。他所译出的经论，内容信实，文字流畅，有些经典后来虽然有新的翻译，但仍然难以取代鸠摩罗什翻译的版本。从鸠摩罗什译本出现，流传至今，经历一千六百多年而不衰，其家喻户晓的流行程度有目共睹，在中国译经和佛教传播史上，产生了巨大的影响。

西北大学玄奘研究院院长李利安教授曾经对鸠摩罗什的翻译贡献做出高度评价："鸠摩罗什在长安的译经事业，既诞生了中国历史上最早的国立译场，也组织起了中国历史上最大规模的译经机构和团体，号称八百人的译经队伍，就其人数规模来说，是空前绝后的。鸠摩罗什前后所译，现在还在的，有四十部，三百多卷。鸠摩罗什不仅在所译经论的内容上第一次系统地介绍了根据般若经类而成立的大乘性空缘起之学，而且在翻译文体上也一变过去朴拙的古风，开始运用达意的译法，使中土诵习者易于接受理解。鸠摩罗什对翻译事业有高度的责任感，他的译籍在力求不失原意之外，更注意保存原本的语趣。因此他所翻译的经论，大都为国人所喜爱，即使后来的玄奘大师另有新译，也无法全然取代，所以在佛典传译史上，他的影响力是无与伦比的。从鸠摩罗什开始，中国的译经事业进入成熟时期，长安的佛经翻译也从此开始了一个新的时代。"①

鸠摩罗什当时译经的队伍非常庞大，在罗什的主持之下，译经场中有译主、度语、证梵本、笔受、润文、证义、校刊等传译程序，分工精细，制度健全，集体合作。据记载，协助鸠摩罗什译经的名僧有八百余人，远近而至求学的僧人更有三千之众，所以留下了"三千弟子共翻经"的说法。

鸠摩罗什翻译的经典中，有很多被中国佛教僧人所宗奉并大力弘扬，形成了不同的学说派系，并最终发展成为中国汉传佛教不同宗派。其中，鸠摩罗什对印度中观学典籍《中论》《十二门论》《百论》以及《大智度论》的翻译和弘讲，在当时形成了一股三论学的风潮，直接影响了中国三论宗的创立。

《百论》

三论中鸠摩罗什首先翻译的是《百论》，有上下两卷，提婆著，世亲注释。鸠摩罗什曾经两次翻译《百论》，第一次是在后秦弘始四年(402)，鸠摩罗什翻译，罗什的弟子僧睿作序。由于那个时候罗什刚到长安，对于内地的语言风俗还不是非常娴熟，所以翻译的文句意思有不尽如人意的地方。弘始六年(404)的时候，鸠摩罗什重新翻译了《百论》，由他的弟子僧肇作序。第二次翻译的版本就是我们今天广为流通的版本。中国汉传佛教的佛经一般采用印度梵文本佛经作为底本进行翻译，梵文佛典一般以八个音节(字)作为一个句子，四句称为一颂，《百论》的得名就是因为这部论的梵本内容有一百颂。《百论》有二十品，每品有五颂，鸠摩罗什只翻译了前十品，后十品罗什认为翻译过来对中国佛教没有什么用，就没有翻译。

《百论》的主题是破斥古代印度佛教以外的其他哲学流派，其方式是"唯破不立"，设一个论题，加以批驳，再设一个论题，再批驳。通过"外曰"(代表外论异说)和"内曰"(代表提婆的观点)对论辩难，铺成一品。

① 王宏涛：《西安佛教祖庭》，西安电子科技大学出版社，2015年11月，第103页。

译本中注有"修妬路"的段落是提婆的原文，此外就是世亲的解释。修妬路语句简约，其含义多藉世亲的注释而显明。主要有舍罪福品、破神品、破一品、破异品、破情品、破尘品、破因中有果品、破因中无果品、破常品、破空品等。

《百论》在印度佛教的发展过程中曾起过重要作用。因为该论的方法就是"唯破不立"，主要破斥了大乘佛教之外的异家学说，维护了佛教的地位。当时在印度为《百论》作注释阐发义理的有十几家，其中最重要的是婆薮和世亲两家。《百论》经鸠摩罗什翻译后，在中国历代流传，又成为重要的佛教论本。三论学者尊奉此论，不仅吸取论中破有破无，主"毕竟空"的思想，而且广泛运用其中推理论证的逻辑方法，批驳当时的成实师、地论师、摄论师等。

《中论》

《百论》之后，鸠摩罗什翻译的是《中论》。弘始十一年(409)，鸠摩罗什在他的长安译经场大寺，翻译出了《中论》四卷，《十二门论》一卷，由他的弟子僧睿作序。

《中论》是印度大乘佛教的先驱者龙树所作，大约成书于公元二世纪中后期。《中论》是《中观论》的简称，共四卷，分为二十七品，四百四十五颂。因为《中论》主要是讲述中道正观的道理，所以又叫做《正观论》。鸠摩罗什翻译此论时，印度当时有七十多家对《中论》的注解，罗什采用的是其中流传最广的青目的注释。

《中论》是龙树最重要的代表作，龙树的主要思想，可以说是集中地表现在《中论》一书中。《中论》是一部印度中观派对部派小乘佛教及其他学派进行破斥而显示自宗的论战性著作，主要内容是阐发"八不缘起"和"实相涅槃"，以及诸法皆空等义理。全书中心思想的概括体现在卷首的"八不偈"："不生亦不灭，不常亦不断，不一亦不异，不来亦不出"和《观四谛品》的"三是偈"："众因缘生法，我说即是空，亦为是假名，亦是中道义"。

《中论》中阐述的缘起性空思想是佛法的基本精神，因而也成为大乘佛教的理论基础，对后来大乘佛学的发展有很大影响。在印度，《中论》经过几代传承，形成了与瑜伽行派相对立的一大学派——中观学派。首先弘传此论的，有以佛护、清辨为代表的八大家，他们都曾为《中论》作注疏，进一步发挥《中论》的思想，正式建立了中观学派，清辨的学说发展成为中观自续派。后来又有月称继承佛护学说为《中论》作注，并撰有中观通论性质的《入中论》，进一步发展了中观学说，形成了中观应成派。

《中论》在中国的影响也非常大。先是鸠摩罗什弟子僧肇弘传此论，撰写了《不真空论》等多篇论文。后来吉藏又撰写《中观论疏》进一步发挥《中论》的思想，并将此论和《百论》《十二门论》一起作为依据，正式创立了中国佛教三论宗。《中论》在中国西藏地区也很流行，宗喀巴曾撰写《中论广释》系统地阐述对中观论思想的根本见解。

《十二门论》

《十二门论》是龙树的著作，和《中论》一起在弘始十一年(409)由鸠摩罗什在他的长安译经场大寺译出，由他的弟子僧睿作序。《十二门论》篇幅非常短小，只有一卷，分为十二品，有二十六个偈颂，总共一万多字。该论的偈颂为龙树所撰，释文则是青目所作。中国佛教学者关于《十二门论》的注释很多，其中吉藏的《十二门论疏》最为著名。

"门"是指开通的意思，因为佛教经典分为经、律、论三大部分，经是佛说的教义，律是佛说的戒律，论则是后人对佛所说的经的解释。学习论能够帮助我们更加明白佛所说的经典，所以说论是"通经之门"。"十二"是指这部论书有十二门大乘教义，能够破除学佛者的十二种妄想，内容包括因缘门、有无果门、缘门、相门、有无相门、异门、有无门、性门、因果门、作门、三时门、生门等，所以称为"十二门"。

《十二门论》作为中观学派的典籍之一，其义理大体上不出中论的范畴，通过十二个角度，即十二种门径阐述龙树的大乘空观思想论证佛教的无生法忍、毕竟空寂的道理，实际上是龙树另一本著作《中论》的纲要。门径虽然有十二种，但实际上却不出三种，那就是空、无相、无作三门。"略解摩河衍义"是《十二门论》的宗旨，摩河衍就是大乘的意思，因为大乘内容不出真俗二谛，真谛谈性空，俗谛谈六度万行和济法相。如果学佛者能够明了大乘空义的真谛，就能通达大乘佛法，具足六波罗蜜而没有障碍了。《十二门论》的思想形成，配合《中论》，对当时印度思想界产生极大冲击，为大乘佛教的建立和进一步发展奠定了良好的基础。[1]

《大智度论》

除了以上后来三论宗赖以创宗的《中论》《百论》《十二门论》三部论书之外，鸠摩罗什还翻译了另外一部中观学的重要论书《大智度论》，而且鸠摩罗什对于《大智度论》的翻译要比中观三论的翻译还早。弘始四年(402)夏季，鸠摩罗什开始在长安译场逍遥园翻译《大智度论》，直到弘始七年(405)十二月二十七日才全部翻译完成，由鸠摩罗什的弟子僧睿笔受并作序。[2]

《大智度论》也叫做《大智度经论》《摩诃般若释论》，是对《摩诃般若波罗蜜经》的注释书。摩诃是大的意思，般若是智慧的意思，波罗蜜是度彼岸的意思，所以大智度是对摩诃般若波罗蜜的直译，鸠摩罗什先翻译《大品般若经》，再翻译《大智度论》，又同时修订完成。《大品般若经》译文的确定，与《大智度论》的翻译是交错进行的。

《大智度论》的作者是龙树，这部书论的内容丰富多彩，包含了印度佛教不同时期的思想。另外，《大智度论》还涉及印度历史、地理、文化、艺术及其他方面的内容，提供了许多研究印度佛教的背景材料，堪称是一部能够立体反应当时印度佛教状况的百科全书。

① 崔峰：《文化的输入与演变——鸠摩罗什长安弘法研究》，中国社会科学出版社，2016年5月，第168页。
② 王亚荣：《鸠摩罗什译场所出典籍考略》，《中日第十次佛教学术交流会议论文集》，2004年10月。

三论宗的输入流传

根据崔峰的《文化的输入与演变——鸠摩罗什长安弘法研究》一书介绍:《大智度论》是以缘起性空的根本教义对摩诃般若波罗蜜进行了彻底探究。"大智度"是摩诃般若波罗蜜的意译,贯穿本论的主线即摩诃般若波罗蜜。《论》在开篇的第一卷便明确指出"佛法大海,信为能入,智为能度",在佛法的修证过程中,如果没有摩诃般若波罗蜜作指导,就像盲人临渊一样危险。只有掌握了摩诃般若波罗蜜的真实意义,才算真正掌握了佛法的真实意义。《大智度论》卷 100 说:"菩萨有两种:一者般若波罗蜜道,二者方便道。"这两种菩萨的关系如何呢?回答是:"方便即是智慧(般若),智慧淳净故名方便。"由此可见,般若是体,方便是般若所起的利他之用,就像真金与真金所打造的金饰一样。如果我们理解了这一道理,便掌握了深入《大智度论》甚深法藏的钥匙。

明永乐年间刻本《大智度论》

《大智度论》和鸠摩罗什所翻译的《中论》《百论》《十二门论》一起,作为龙树和提婆般若性空思想的重要著作,是印度早期中观学的结晶。由于鸠摩罗什的传译,使般若中观学在中国得以发扬光大。后来,三论学兴起,他们直接以龙树和提婆的三论为理论基础,经过帝王的支持和三论学僧的弘扬,到隋代时由吉藏正式创立了中国第一个佛教宗派——三论宗。

三论宗虽然很快就失传了，但它的般若思想却为后来的各家宗派所吸收和运用，对天台宗、华严宗、法相宗、禅宗的思想都产生了广泛的影响。

2. 鸠摩罗什对中国佛教的贡献

鸠摩罗什到长安不久，姚兴便把他安置到逍遥园中，居于逍遥宫内。接着又下令创设国立译场，招募名僧大德，由罗什担任译主，开始翻译佛典。这是中国历史上第一次由国家提供资金、组织人力而开展的译经事业。译场地点先在逍遥园，后来又迁至长安大寺。参与的人员多达八百人，规模之宏大，亘古未有。

长安的译经事业刚一开始，消息便迅速传向全国。大江南北的四众弟子听说那位名震四海的大师已到长安，于是不远万里，纷纷涌向长安，拜罗什为师，随其学法修道。罗什门下弟子最多时达到三千多人，其中比较杰出者，有所谓"十哲""八俊""四圣"等。"十哲"指僧䂮、僧肇、僧睿、道融、道生、昙影、慧严、慧观、道恒、道标。"八俊"即上述"十哲"中的前八位。"四圣"一般指僧肇、僧睿、道融、道生四人。

鸠摩罗什门徒中影响最大、声望最高的是僧肇。罗什还在凉州时，僧肇便慕名由长安千里迢迢跟随他受学。罗什来到长安，僧肇也随他一起。僧肇俗姓张，京兆（今陕西西安）人，出身贫苦，幼年时以代人抄书为业，熟悉中国传统文化，喜爱老庄学说。后来见到《维摩经》，"欢喜顶受，披寻玩味，乃言始知所归矣，因此出家"，苦读三藏，精通法义，二十岁已"名振关辅"。师从罗什后，时时咨禀，所悟甚多，特别是对罗什所传的般若法空学说领会最深，并有独到见解，写下了一系列在中国佛教史乃至整个中国思想史上产生了巨大影响的重要论文。后人将其中最重要的《不真空论》《物不迁论》《般若无知论》和《涅槃无名论》这四篇汇集一起，名为《肇论》。由于僧肇思想深邃，文辞优美，在阐发佛理时大量融合吸收了传统思想特别是当时盛行的老庄学说的思想与方法，因而受到广泛的欢迎和高度的评价，被视为中土僧人中的"解空第一""精难第一""玄宗之始"。

僧睿，魏郡长乐人，十八岁出家，二十二岁后游历各邦，处处讲说，尤精禅法。后秦国司徒姚嵩将僧睿推荐给姚兴，称赞他是"邺、卫之松柏"。姚兴召见僧睿后，认为他"乃四海之标领，何独邺、卫之松柏"，于是，给僧睿以优厚待遇，让他协助罗什译经。历史记载"什所翻经，睿并参正"。有一次，罗什翻译《法华经》，参照过去竺法护的旧本，有一句说"天见人，人见天"，罗什翻译到这里，认为这句太过于直译，总觉得不太合适，但又不知如何表述为好。僧睿建议说："可否说人天交接，两得相见？"罗什一听，高兴地说："是这样！是这样！"僧睿在这方面对罗什的帮助是极多的。罗什叹道："我翻译经论，能与你相遇，真是无憾无恨啊！"

道融，汲郡林虑(今河南林县)人。十二岁出家，三十岁时，才解英绝，穷究内外经书。罗什入关后，即前往咨禀。不久，受姚兴之命，进驻逍遥园，参与罗什译经，出力甚多。罗什曾慨叹道："佛法之兴，融其人也。"罗什还称赞他为"奇特聪明释子"，是第一个能理善辩的人。传说来自狮子国(今斯里兰卡)的一个外道，来长安与汉僧角逐辩力，关中僧众竟无人敢于应战。罗什即动员道融出面，在姚兴的亲自主持下，登坛辩论，取得胜利。

道生，本姓魏，河北钜鹿(今河北平乡)人，寓居彭城(今江苏徐州)。"幼而颖悟，聪哲若神"，后随竺法汰出家学佛，进步神速。至年二十，"讲演之声，遍于区夏(指中国)，王公贵胜，并闻风造席；庶几之士，皆千里命驾。"罗什入关后，道生慕名北上，投到罗什门下受学，并奉王命协助罗什译经。道生的聪明才智，妙解经论给长安僧众留下了深刻的印象。"关中众僧，咸谓神悟"。

除了上述"四圣"之外，罗什门下的众多弟子均在某些方面为罗什的译经弘法事业作出了贡献。如弟子道恒，"游刃佛理，多所通达"。弟子道标也"神气俊朗，有经国之量"。弟子昙影思维敏捷，条理清晰，被罗什称为"此国风流标望之僧"。弟子慧睿，阅历丰富，"殊方异义无不知晓"。弟子慧严博读诗书，精严佛理。弟子慧观在罗什门下"访核异同，详辩新旧"。时人称"通情则生(道生)、融(融道)上首，精严则观(慧观)、肇(僧肇)

第一"。弟子昙无成宗奉师说，善谈实相之理。弟子僧导奉命协助罗什译经，"参议详定"，深得师传。即使不是很为人所知的慧仪，在当时的表现也很不寻常。南朝宋僧镜编写《实相六家论》，就是以慧仪的解答为根据的，而实相问题正是鸠摩罗什学说的中心。

总之，鸠摩罗什门下，高僧荟萃，人才辈出。他们各有所长，同宗一师，合作共事，形成一个以鸠摩罗什为领袖的庞大的弘法集团。这些弟子绝大多数是"学赅内外"的，"内"指佛学，"外"指佛教以外的各家学说，主要指中国传统的诸子百家。所以，不像南北朝时期的僧侣那样，限于专弘一经一论，或一家一言，鸠摩罗什的弘法集团能够将书本上的理论消化转换成可以满足当时社会需要的理论，再加上鸠摩罗什本身的传译范围也比较广泛，所以，这个弘法集团的弘法是极为成功的。同时，罗什的门徒分别来自全国各地，他们把全国的学风带到了长安的罗什译场，又把罗什传译的佛学思想，传播到全国，从而对中国佛教、中国思想产生了巨大的影响。

在皇帝姚兴的大力支持下，在众多弟子的协助下，鸠摩罗什全身心地投入到译经事业中。下面仅根据王亚荣先生的研究罗列一些片段：

后秦弘始四年(402)一月五日译出《坐禅三昧经》三十一卷(弘始九年重加校订)。二月八日译出《阿弥陀经》十卷(专讲阿弥陀佛的净土功德庄严而劝念佛往生的经典，至今为佛门每日功课之必修)。三月五日，译出《贤劫经》七卷。同年开始译《大智度论》，至弘始七年(405)十二月完成，共成一百卷。同年十二月一日，译《思益梵天所问经》四卷，《弥勒成佛经》一卷。

弘始五年(403)四月二十三日，译《摩诃般若波罗蜜经》四十卷，姚兴亲临译场，协助翻译，当年十二月十五日译完，次年四月二十三日校完。此经为般若类精华，译出后流传很广，影响很大，至今依然盛行于佛门。

弘始六年(404)十月十七日，与罽宾僧弗若多罗、西域僧昙摩流支合译《十诵律》五十八卷。后来，罗什的戒师罽宾僧卑摩罗叉又在寿春增译成六十一卷。同时，后秦司隶校尉安城侯姚嵩邀集了沙门与罗什开始翻译《百论》，共二卷。

弘始七年（405）六月十二日，译《佛藏经》四卷。十月又译《杂譬喻经》一卷，《菩萨藏经》三卷，《称扬诸佛功德经》三卷。

弘始八年（406）夏，应安城侯姚嵩之请译《妙法莲华经》八卷。此经以般若性空学说为基础阐释佛法三乘归于一乘的理论，包含着许多大乘教义，译出后流传极广，影响巨大。与此同时，罗什还应姚嵩之请译《维摩诘所说经》三卷。据说，当时参译人员多达一千二百人。此经一出，即广为流行，成为后世中国佛教最重要的几部经典之一。此年夏，罗什还开始翻译《华手经》十三卷，《梵网经》二卷。后者是中国佛教最重要的大乘戒律，出家在家佛徒均可受持，所以流行甚广。

弘始九年（407），译《自在王菩萨经》二卷。次年二月初至四月底译《十二般若波罗蜜经》十卷、《十二门论》一卷。《十二门论》是大乘空观的入门之作，以十二章阐释空义，言简意骇，理趣幽邃。

弘始十一年（409），译《中论》四卷。此为般若"三论"中最重要的论书，依据并发挥般若学说，对佛教的缘起学说进行论释，借助"世俗谛"和"胜义谛"，论证"缘起性空"和"八不中道"的思想。这种思想是罗什弘法的重点所在，对中国佛教影响极大。

弘治十三年（411）九月八日，应后秦尚书令姚显之请译《成实论》二十卷，次年九月十五日完成。"实"指佛教基本理论"四谛"之实。"成实"即成立四谛。全书对四谛作新的解释论证，在佛门十分流行。

除上述经典外，鸠摩罗什还与弟子协作翻译出：《诸法无行经》二卷，《首楞严三昧经》三卷，《十住经》五卷，《持世经》四卷，《弥勒下生经》一卷，《金刚般若经》一卷，《遣教经》一卷，《禅法要解》二卷，《十住毗婆沙论》十四卷，《大庄严经论》十五卷，《十诵比丘戒本》一卷，《马鸣菩萨传》一卷，《龙树菩萨传》一卷，《提婆菩萨传》一卷。

与鸠摩罗什有一定因缘关系而得以译出的重要的经典还有《四分律》

六十卷,《长阿含》二十二卷。事情是这样的:鸠摩罗什少年时代在沙勒的老师罽宾高僧佛陀耶舍和鸠摩罗什志趣相投,彼此都十分欣赏。后来罗什到长安后就劝姚兴派人迎请佛陀耶舍。这样,佛陀耶舍便到了长安,与罗什一道译经。除了一同合作外,佛陀耶舍也单独开译。弘始十二年(410),佛陀耶舍受后秦司隶校尉姚爽之请,口诵《四分律》,竺佛念口译,道含笔受,两年后译成律本六十卷,成为中国佛门最权威、最盛行的戒本,律宗即以此而建立起来。其中内容至今依然为中国佛门所一致遵行。《长阿含经》是佛陀耶舍于弘始十五年(413)译出的,是原始佛教根本经典"四阿含"之一,所以也非常重要。

鸠摩罗什在长安弘法主要以译经为主,著述极少。他曾自叹说:"我如果执笔著大乘的《阿毗昙》,将非迦旃延子所能比拟。可如今身处秦地,深识者甚少,只好罢了!"迦旃延子曾著《阿毗昙》,是小乘佛教最权威的论书。当然,罗什也实在没有时间去独自著作大论,皇帝及各大臣屡屡相请,众多弟子翘首以盼的都是大乘的新经秘典,罗什只好把全部时间用于译经方面。译而不述也是译经大师们的普遍特点。[①]

鸠摩罗什不但把全部时间放在译经方面,而且也把他的全部虔诚投放在译经过程中,所以,他的译经态度十分严谨。他考察了此前中国的译经,认为"多有乖谬,不与胡本相应",或"多滞文格义","理滞于文",以致"玄宗坠于译人"。鸠摩罗什在凉州十七年间已经逐渐精通了汉语和中国的传统文化,所以译经时常常"手执胡文,口自宣译","两释异音,交辩文旨","胡音失者,正之以天竺(指梵文);秦名谬者,定之以字义;不可变者,即而书之"。可见罗什是直到一字一句完全妥当的时候方才落笔成文。严谨的译风加上渊博的学识和诸多富有文才的弟子协助,使鸠摩罗什所译佛经在内容表达和词语运用等方面均达到了前所未有的水平。人们称赞他的译经"义皆圆通","挥发幽致","词润珠玉","大乘微言,于斯炳焕"。

---

① 李利安、李心苑:《终南法脉》,陕西人民出版社,2015 年 1 月,85-91 页。

如此高质量、大规模的佛典翻译对中国佛教产生了极其深远的影响。后来中国佛教学派和宗派所依据的重要经典，大多数都是经过鸠摩罗什而翻译成汉文的。南北朝以来盛行的中国佛教学派中，《成实论》是成实学派（或成实宗）的主要经典，《中论》《十二门论》《百论》是三论学派（或三论宗）的主要经典。隋唐以来兴起的中国佛教宗派中，《法华经》是天台宗的主要经典，《阿弥陀经》是净土宗的主要经典，《维摩诘经》《金刚经》是禅宗的主要经典，特别是《金刚经》几乎是家喻户晓，影响极大。另外，《弥勒成佛经》和《弥勒下生经》是流行极广的弥勒信仰的主要经典，《坐禅三昧经》是第一部大乘禅法经典，《十诵律》是第一部完备的汉译小乘戒律，《梵网经》则是第一部大乘戒律。这些经典都成为中国佛教最重要的经典，对中国佛教思想体系的形成作出了巨大的贡献。

根据李利安教授的总结，鸠摩罗什的一生，主要在以下几个方面做出了巨大贡献：

第一，组织译经，大规模传译印度佛教文化，涉及大小乘佛教的各种不同学说，尤其是将建立在般若学基础上的印度中观学说大规模地传入中国，为中国佛教提供了大量经典依据，特别是三论宗、天台宗、禅宗、净土宗等宗派的核心经典都出自鸠摩罗什之手，为中国佛教宗派的建立提供了坚强的支撑，与此同时，也为后世佛经翻译积累了丰富的经验。

第二，通过编译、讲解、答问、书信等途径，宣传佛教教义，弘扬佛教思想，尤其是中观思想，开创了三论学派，促进了佛教思想在中国的迅速传播，对中国佛教乃至整个中国思想文化均产生深远影响。

第三，以国立译场为平台，以皇室支持为后盾，感召全国各地大量义学高僧云集长安，译经解经，讲说辩论，著书传扬，不但促进了中国佛教的极大繁荣，而且培养了许多为位有一定学识的中国僧才，为中国佛教筹备了大量人才资源。

第四，通过翻译印度佛教戒律文献，极大地丰富了中国佛教的戒律依据，促进了中国佛教僧团制度的不断完善，同时通过建立庞大僧团的实践，为中国佛教僧团制度的发展做出了杰出贡献。

第五，翻译《普门品》《阿弥陀经》《弥勒下生经》等大乘佛教经典，极大地促进了观音、弥勒、阿弥陀佛信仰在中国的传播，成为后世中国佛教信仰的主流形态。

第六，主动积极地协调政教关系，既赢得了国家对佛教的大力支持，而且协助建立了中国早期的佛教管理制度，同时也为后世奠定了一个政教关系的基本模式。

从以上李利安教授的总结可以看出，鸠摩罗什在中国佛教历史上拥有无与伦比的重要地位、获得持久的推崇和称赞，着实是当之无愧！

3. 鸠摩罗什与关河三论学派

关河三论学派是指以鸠摩罗什的译经僧团为组织，以译经场逍遥园为活动中心，以三论和其他般若类经典为研习对象，由此而形成的义学流派。[①]"关"是指关中，"西"即指黄河以西，实际上指的就是关中，因为当时鸠摩罗什的僧团就在关中的长安。

根据理净的研究成果，从时间顺序来看，三论学在中国的弘传大致可分为五个时期。

传译时期：为东晋（401—441）时期，主要以鸠摩罗什为主，有弟子僧肇、僧叡、昙影等人，主要以翻译经典为主。这一时期是印度中观思想最早传入中国，是三论思想在中国最早的出现。

渐隐时期：为南北朝南齐（441—480）时期，是僧肇等人以后的一段时间，中观思想时隐时显，也无明显的师资传承。

复兴时期：为南北朝梁陈（481—580）时期，此时有高句丽僧朗来江南讲学，南方此时正盛兴"成实"学，僧朗在钟山草堂寺讲说大乘中观思想，破斥成实为小乘思想，得到了梁武帝的崇信和支持，僧朗又传僧诠，僧诠传弟子法朗，形成"摄岭三师"。

① 董群：《中国三论宗通史》，凤凰出版社，2008 年 7 月，第 101 页。

大成时期：为隋至唐初（581—623）时期，吉藏继承法朗的学说，成为三论的集大成者，将三论思想发扬光大，并正式创立的三论宗。这一时期是三论宗的鼎盛时期。

衰败时期：为唐初至会昌法难（624—840）时期，三论宗无人继承，会昌法难以后，三论一宗，逐渐衰灭。

关河三论学派主要活动时间就在上述五个时期中的传译时期。

三论学是由鸠摩罗什在长安逍遥园所译的《中论》《百论》《十二门论》等三部论为基础开始形成的学风，因为三论学形成时主要是以鸠摩罗什和他的弟子们为主体，以长安为中心，所以这一时期的三轮学被称为"关河三论"。相对于后来三论学的摄山传承时期的"摄岭三论"，关河三论也被称为"关河旧义"、"关河旧学"。

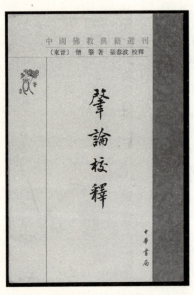

中华书局版《肇论校释》

鸠摩罗什门下弟子众多，其中大多数都是在弘扬般若学，如昙影、道融、僧叡、僧导、僧肇、道生等人影响最大。昙影曾注《中论》并撰《中论序》，强调"以真谛故无有，俗谛故无无"来会通二谛说，阐述中道实相的三论思想。道融在罗什翻译《中论》以后就开始讲解剖析文句，与僧叡是讲习三论的最早的人物。僧叡和罗什翻译《百论》之后，开始讲解并撰写《百论序》，对于三论学在中国的传播有巨大贡献，在中国三论宗的发展历史上与僧肇齐名。僧导的著述有《三论义疏》《空有二谛论》等，对三论宗的发展也有很大贡献。当然最有影响的还是僧肇，其代表著作《肇论》是中国佛教史上的第一部三论学专著，其思想理论对三论宗后来的发展有很大的影响。道生可以说是罗什门下最早在南方弘扬中观学的人物，虽然后来专弘于《涅槃》的佛性论思想，但对三论宗的发展也有不可泯灭的贡献。

关河三论学派曾经得到后秦皇帝姚兴的大力扶持，姚兴时期的长安，姚兴是人王，鸠摩罗什是法王。董群教授曾说："如果说鸠摩罗什是三论宗的法内祖师，姚兴就是法外祖师。"

姚兴（366—416），字子略，羌族人，是后秦开创者武昭帝姚苌的长子。二十八岁登上帝位，在位二十二年，勤于政事，治国安民，重视发展经济，兴修水利，关心农事，提倡佛教和儒学，广建寺院，是一位文治武功都非常了得的君主，也是当时北方十六国帝王中少有的仁德之君。后秦弘始三年（401）姚兴攻灭后凉，迎接鸠摩罗什入长安，组织了大规模的翻译佛经事业。在姚兴当政期间，对佛教非常支持，可以说他对佛教的扶持，是三论学得以产生发展的重要原因。

姚兴对三论学的支持和贡献表现在多个方面。姚兴继承父亲姚苌的遗志，迎请罗什，罗什到达长安后，他专门为罗什设立了以终南山逍遥园为基地的国家译经场，供罗什译经。姚兴注重义学，他常常亲临译场，听罗什说法。

姚兴不光对鸠摩罗什尊敬有加，对罗什门下的其他高僧都非常敬重。对于罗什的弟子道融，姚兴引见叹重，并引入逍遥园；对于昙影，他大加礼待，敕住逍遥园，助罗什译经；对于僧叡，他亲自接见，并大为赏悦；对于僧肇，他命其与僧叡入逍遥园，协助罗什译经；对于昙无成，他视为奇才，给予丰厚的待遇；对于僧导，他钦佩其德业，友而爱之。可以说当时三论学的主要人才大多受到姚兴的礼敬。由于爱才心切，姚兴常常做出非常之举，比如他逼罗什结婚，让道恒、道标还俗从政等等。

姚兴对三论学的支持还表现在他本人对佛学的热情和独到见解。姚兴经常和罗什一起交流佛法，而且还撰写了不少论文，包括《通三世论》《通不住法住般若》《通圣人放大光明普照十方》《通三世》《通一切诸法皆空》等，他的一些讨论佛法的书信也非常有名，特别是《姚兴答》《答安成侯姚嵩书》等。姚兴的佛学思想的基本观点是三世实有和圣人实有，由此可以看出他的佛学中国化的鲜明立场。

关河三论学派主要以般若学和中观学为研习对象，但是鸠摩罗什及其门下诸位弟子的学说思想也并不完全相同，他们各有侧重。鸠摩罗什的实相学代表了中观思想的印度佛学立场，而僧肇的中观学相对而言就更加突出地体现了基于中国文化背景的佛学立场，僧叡的思想体现出从般若学的"空"向涅槃学的"有"过渡的倾向，而道生则最终转向涅槃学的思想。

关河时期的三论学，处在三论学说在中国发展的传译期，弘传活动主要还是以对龙树、提婆的大乘中观经论的翻译为主，在翻译的过程中，罗什的弟子们跟随罗什学习中观的思想义理，经论翻译完成后，弟子们或为写序，或为作注，以此阐发个人的学习心得和佛学思想。因为当时鸠摩罗什译经僧团中成员的流动，关河学派又形成了南北分流的局面。在北方关河学派以僧肇、僧叡为代表，在南方则以道生为代表。

（三）秦人解空第一者：僧肇

僧肇被认为是继鸠摩罗什之后的三论宗东土二祖，他对佛教和三论宗的贡献非常卓著。对于僧肇，笔者是非常敬佩的，为什么呢？笔者曾在台湾南华大学交换学习期间修学过一门"中国中观思想"的课程，上课的内容就是学习僧肇的著作《肇论》，那个痛苦的经历回想起来真是终生难忘。《肇论》里面的"物不迁论""不真空论""般若无知论""涅槃无名论"等论文的思想实在是太深邃了，逻辑架构非常严密，笔者初读《肇论》着实感觉到云遮雾绕，完全跟不上作者的思路。一位在一千六百多年前写下几篇论文，让一千六百多年后的人读起来依然挠头不已的大师，实在是让人不佩服不行！下面我们就了解一下僧肇大师。

1. 僧肇追随鸠摩罗什的经历

僧肇是东晋时的僧人，京兆(今陕西西安)人，生于公元 384 年，卒于公元 414 年，去世时只有三十一岁。关于僧肇的生卒年，学术界一直都有争论，也有人认为僧肇生于公元 374 年，根据刘成有教授的研究，以僧肇生于公元 384 年出生为准。①

少年拜师深悟玄理

僧肇俗家姓张，十岁的时候他父亲就去世了，留下他与母亲相依为命。那时候僧肇家里很贫穷，他独自承担家计，以给人抄书来赚钱贴补家用。正是因为这个机会，他得以广泛地阅读各类书籍，其中以当时整个社会流行的老庄玄学为主。僧肇少年聪慧，尤其喜欢读《老子》和《庄子》，因此很快他就对当时流行的玄学非常精熟。据说他在读《老子》的时候曾经叹息道："美是很美，但并不是尽善尽美啊！"后来僧肇接触到佛教经典，当他读到当时旧译本的《维摩诘经》时，非常欢喜赞叹，从此明白自己在学问探索上的归属是在大乘佛教。僧肇不久就在五重寺落发出家，出家后的僧肇学习非常刻苦，进境也非常迅速，很快他就精通了当时翻译过来的大乘佛教经典，并且对其他的经律论三藏都非常熟悉。加上他风度翩翩，学养具足，谈吐如兰，行仪如松，在他二十岁的时候就名声大噪，甚至有人不远万里来找他辩论，最后都铩羽而归。当时长安及周围的年轻英才们，无不佩服他敏锐的辩才。

僧肇出家后广泛阅读当时流通的佛教经典，由于看到当时的佛经因为不同的译本，文意字句出入很大，经常前后矛盾，让他很是苦恼。这时候他听说在凉州这个地方有一位鸠摩罗什大师，学问非常精深，尤其擅长大乘义理，僧肇就有了到凉州向鸠摩罗什大师学习的念头。那个时候后凉皇帝吕光死后，政权内部发生了激烈的斗争，凉州附近烽火连天，而罗什大师也是生死未卜，但时局的混乱阻挡不了求法心切的僧肇，他力排众议，只身西行，远赴凉州姑臧(今甘肃武威)寻师访道。

因为当时从长安往西，一路战火连天，加上路途艰辛，等僧肇来到凉

① 刘成有：《僧肇生平考辨》，《五台山研究》，1995 年第 3 期。

三论宗的输入流传

州的时候已经是衣衫褴褛，蓬头垢面。鸠摩罗什大师见到这位远道而来、衣破面垢的年轻僧人，有意试探他的虚实，便说："修道之身，本来清净。"意思是指僧肇蓬头垢面，如何修道？僧肇明白大师的意思，平静地回答道："真心守本，妄念不生，身本清净，何论衣冠？"罗什大师听到僧肇的回答抚掌大笑："看来，我在凉州收的徒弟中最有定慧的人，非你莫属！"自此以后，僧肇随侍在罗什大师左右，学习梵文，探索佛法义理，直到姚兴皇帝派遣使者礼请罗什大师到长安翻译佛典，僧肇才随着罗什一起回到了长安。

英年早逝名垂青史

僧肇回到长安后依然跟随鸠摩罗什学习佛法，因为罗什很快被皇帝姚兴委以译经重任，在长安城外终南山圭峰下的大寺主持译场的译经工作，僧肇以及罗什的其他弟子如僧睿等人也奉命进入译场参与译经，并成为罗什译经事业的得力助手。弘始八年(406)，鸠摩罗什翻译完《大品般若经》

僧肇：《注维摩诘经》，
日本明治十四年翻北宋本

后，僧肇将他参与《大品般若经》翻译过程中听到罗什讲解佛经的心得体会，写成了一篇《般若无知论》，这是僧肇的第一篇论文，受到了罗什的大加赞赏。当时中国另外一个佛教研究的中心庐山，有一位高僧慧远，慧远门下有一位居士叫刘遗民，是当时非常有名的佛学家，对于佛教经典的研究非常深入，当他看到僧肇写的这篇《般若无知论》之后，非常赞叹，他说想不到出家人里面也有这样的高手啊！慧远看了僧肇的这篇论文后也非常惊讶，感慨道："未尝有也"。从此以后他们和僧肇不断地往来书信，探讨义理，完全把僧肇这样一位年轻僧人当成了可以平等交流对话的佛教高僧，这个时候僧肇才大约23岁。

后来，鸠摩罗什翻译出了《百论》，僧肇又写作了一篇序文，阐明该论的要旨。《维摩经》翻译出来后，僧肇根据罗什在翻译中随机所说的解释，为《维摩经》作了注解，并为《维摩经》写了序，可惜的是这篇序文现在已经遗失了。僧肇后来又写作了《不真空论》《物不迁论》等非常著名的论文。他在罗什门下十几年，被称为什门"四圣"、"八俊"或"十哲"之一。因为他对大乘佛教中观学的性空思想有非常深的造诣，因此也被他的老师鸠摩罗什称为"秦人解空第一者"。鸠摩罗什去世后，僧肇非常悲痛，这对他来说是一个巨大的刺激，他一方面追忆跟随老师学习的点滴往事，一方面以此为契机更加深入地思索佛法的深邃奥义，他回忆老师多年教导的佛法教义，又同时博采众经，写作了一篇《涅槃无名论》。这篇论文写成之后，他将论文进呈给皇帝姚兴，姚兴看了之后大加夸赞，传令将僧肇的这篇论文认真誊写，分发给当时的皇室子弟阅读学习，可见僧肇的学问之深、地位之高、影响之大！

僧肇因为从小家里比较贫穷，身体一直不好，跟随鸠摩罗什后又拼命学习，加上译经的工作也非常辛苦，他积劳成疾，在参与译经工作的过程中就好多次因身体支撑不住而病倒。弘始十六年(414)，在鸠摩罗什圆寂的第二年，年仅三十一岁的僧肇也撒手人寰。英年早逝的僧肇，就像夏日夜空里璀璨的流星划过天边，那刹那的耀眼光芒，留给后人无尽的怀想、追思。

2. 僧肇对三论宗的贡献

如果论起在佛教史上的地位、名气和贡献，僧肇可能不如他的老师鸠摩罗什，但是如果仅就三论宗而言，僧肇的影响和贡献恐怕并不亚于他的老师鸠摩罗什。因为罗什一生的多半时间都是在西域，只有晚年十余年的时间是在专心从事译经弘法工作，而且译经工作繁重，罗什很少有时间来著书立说，所以尽管罗什翻译的经书卷帙浩繁，但是他本人的著作却非常少。而僧肇作为罗什弟子中贡献最大、影响最大的一个，他在跟随鸠摩罗什学习、译经的过程中写作了不少影响巨大的文章，他的论文集《肇论》可以说是三论宗的第一部高水准的论集。尽管三论宗在唐初就走向了衰败，没有继续传承，但是后代对《肇论》的解释在历史上形成了一股"肇学"，一直延续到明末，可以说是三论学的一个特殊的分支。《肇论》被认为是中国佛教的"中论"，僧肇也因此被奉为三论宗的中土二祖，甚至连后世公认的三论宗实际创始人吉藏，他本人都推崇僧肇是"玄宗之始"①，认为僧肇是三论宗的创始者，将他看做是三论宗中国祖师的初祖。

东汉末年支娄迦谶翻译出《般若道行品经》后，般若类经籍便陆续传入中国，经过魏晋时期的发展，在当时玄学的影响下，形成一股般若学风。当时为了理解般若思想，佛教学者大多依据老庄玄学理解般若经义，产生了所谓的"格义佛教"，并在阐发般若思想方面，各有不同的理解和侧重，形成了所谓的"六家七宗"。直到后来鸠摩罗什系统地传译了龙树、提婆的中观学经论之后，当时的佛学家们才受其影响，对般若思想的研究又回归到龙树、提婆中观学的传统。

在僧肇生活的两晋时期出现的"六家七宗"是当时在中国产生的解释般若思想的七个派别。"六家"是本无、即色、识含、幻化、缘会、心无这六个派别，"七宗"则是将"六家"中的第一家再分为"本无"和"本无异"两宗，和其他五家合在一起成为"七宗"，其中除了识含宗具有唯识思想以外，其他诸宗与三论思想都有着深厚的渊源。

本无宗，该宗非常注重"无"，中道思想中的非有非无论，在本无宗的理解就是，非有是在讲无，非无还是在谈无。本无异宗，该宗认为未有万物之前，先有所谓无，从无生有，故万物出于无，以无来解释经论中的非有非无，与本无宗的思想很接近。即色宗，该宗强调的是即色空的道理，不离开色自身而说空，色空的原因在于缘起，色不自色，是因为中元和合成色，从这个角度来看，色法就是空。幻化宗，该宗认为心神亦空，便无

① 董群：《中国三论宗通史》，凤凰出版社，2008年7月，第128页。

人修道，无人证果。缘会宗，该宗认为诸法因缘而生，缘灭则归于空无。心无宗，这一宗的基本思想可以概括为：心不执著于万物，对于万物本身的状态，不予讨论，相当于客观上变相承认万物的存在，可以说是"心空法不空"。

这些都是当时中国佛教学者对于般若性空思想的不同解释，"六家七宗"的出现，标志着具有中国特色的般若学说的形成，也是佛教中国化过程中的一个重要的里程碑。"六家七宗"对印度佛教"空"的学说的理解，偏离了大乘佛教的思想，但是这也恰恰表现出了当时中国人的般若观念的特色。直到鸠摩罗什翻译出龙树、提婆的中观三论，以及僧肇写作出阐发中观思想的多篇论文之后，中国佛学界才基本纠正了对于般若思想认识的偏差。[①]

僧肇被他的老师鸠摩罗什誉为"秦人解空第一者"，这是因为僧肇对于性空思想的阐发，脱离了两晋六家七宗的有、无二元对立，真正表达出了般若"缘起性空""二谛相即"的中道思想。所以僧肇也被后来的吉藏大师推为"玄宗之始"，肯定他对三论思想建构及对般若思想开展的贡献。

僧肇对于"六家七宗"的学说是持批评态度的，僧肇《不真空论》一文中采用"假名"这样一个新的命题来解释缘起性空，认为物非真物，是依因待缘而有的假物，假物没有自性，所以才能显示出真空。僧肇诠释的"有无不二"的道理，阐发的"毕竟空"的般若境界，纠正了"六家七宗"对性空的种种误解，成为后来三论宗的中心思想。

僧肇的思想以般若为中心，突出了中道，他以对般若和中观类经典的精深了解，评判般若学派诸家思想的得失。僧肇一生著作比较多，其中最为著名的就是他的《物不迁论》《不真空论》《般若无知论》《涅槃无名论》四篇论文。除这四论以外，僧肇还有《丈六即真论》《答刘遗民书》《上秦王表》《维摩经注》《维摩经序》《长阿含经序》《百论序》《鸠摩罗什法师诔》等著作，其中《丈六即真论》现在已经遗失了。

僧肇对于中观思想的表达和一般佛教学者的表达有一些差异，一般表

三论宗的输入流传

---

① 姚卫群：《佛教入门》，中国人民大学出版社，2005年2月，第37页。

达为非真非俗、非无非有，僧肇则表达为即俗即真、即有即无，他更偏重于从俗谛的立场来讨论中道。收录在《肇论》中的几篇论文是僧肇思想的集中体现，僧肇以《不真空论》处理有无的关系，以《物不迁论》处理动静的关系，以《般若无知论》处理真智和俗知的关系，以《涅槃无名论》处理涅槃的关系。这几篇论文各有侧重，但又都互相联系。

首先，僧肇在《宗本义》中说："本无""实相""法性""性空""缘会"等的涵义是一样的。宇宙万法都由因缘和合而生，因缘离散而消亡，可知并非是真实有。以此推论，万法虽然现有而性常自空，所以称为"性空"，性常自空即为"法性"，法性真实如是即为"实相"，称为"本无"。"本无"是派生实相，超一切名言分别，所以不能说它是有，也不能说它是无。

其次，僧肇在《不真空论》中以《放光般若经》所说的"诸法假号不真"作依据，立"不真空"义。当时的佛教学者，对于般若性空的解释各出异义，纷纭不一。僧肇在这篇论文中归纳为"心无""即色""本无"三家，并且加以破斥，然后陈述他自己的不真空义。他以宇宙万法都属虚假，依因缘生即是不真，也即是空；即不是真生，即非是有。但万事万象都已经呈现，也不能说是无。非有非无，所以称为不真空。但森然万象虽非真实，而由真体起用，即用即体，所以说"立处即真也"。

《物不迁论》中，僧肇从即动即静来论证体用一如的道理，论文首先引用《放光般若经》所说的"法无去来无动转者"，并解释说这并非是舍动而另求静，而是求静于动，虽静而不离动。由动静的未始不同，而知宇宙万法的不迁徙变易。又说：一般人所谓动，是因为从前的事物已经迁徙而去，所以说动而非静。但从前的事物停在从前，并不来到现在，所以是静而非动。如此今昔的事物不相往来，"若动而静，似去而留"，"言常而不住，称去而不迁"，从而"如来功流万世而常存、道通百劫而弥固。"意思就是说法身本体无去无来，所以常恒不变。

《般若无知论》中，僧肇依《放光般若经》所说的"般若无所知无所见"，而说有所知就有所不知，因为圣心无知，所以无所不知，不知之知才叫做一切知，所以圣人虚其心而实其照，"虚不失照，照不失虚"，"用即寂，寂即用"，这也说明了体用一如、动静相即，与缘生实相、立处皆真的理论相通，从而贯穿了他的般若、三论空的中道思想。①

南朝梁、陈之际，僧肇的《物不迁论》《不真空论》《般若无知论》《涅槃无名论》和《宗本义》被合编成为一本书，名字就叫做《肇论》。《肇论》是一部不朽的著作，后来成为三论宗的重要典籍。这部《论》不仅理论幽深，思想微妙，而且将鸠摩罗什所传的龙树缘起性空的般若思想发挥得淋漓尽致。一千六百多年来，历代都有人在研究《肇论》，并为之作注释，形成了一股"肇学"。现存的《肇论》注疏，有晋慧达的《肇论疏》三卷、唐代元康的《肇论疏》三卷、宋代净源的《肇论中吴集解》三卷及《肇论集解令模钞》二卷、宋代遵式的《注肇论疏》三卷、宋代悟初和道全二人集其师《梦广和尚释肇论》一卷、元代文才的《肇论新疏》三卷和《肇论新疏游刃》三卷、明代德清的《肇论略疏》六卷，除此之外，还有明代道衡的《物不迁论辨解》一卷。直至明末，智旭在《阅藏知津·中土论》中，还将《肇论》列为第一，认为僧肇学说最能契和原经的精神。

后世的三论宗人非常推崇僧肇，常常把他和鸠摩罗什并称，所以有"什肇山门"的说法，并将僧肇的学说作为三论宗的正系。可惜僧肇年仅三十一岁就圆寂了，如果他长寿，对佛教思想理论以及三论学说，肯定会作出更大的贡献。

（四）关河三论流传南方的代表道生

三论宗是中国汉传佛教八大宗派之一，宗派的一大特点就是师徒相承，形成了一套相对完整的传法体系，并以这种体系为核心，形成一个具有文化认同性与情感亲近性的群体。但凡宗派一定是要有祖师的，所谓祖师就是指历史上公认的在该宗派形成、发展过程中做出过巨大贡献的人物。一

① 黄忏华：《僧肇》，《中国佛教》第二辑，东方出版社，1980 年 4 月，60-61 页。

个宗派的形成必然要经过数代的努力，所以一个宗派内部也会有许多位祖师，这些祖师们连在一起就形成了一个宗派的传承谱系。现在公认的三论宗在中国传承的祖师谱系是：鸠摩罗什——僧肇——僧朗——僧诠——法朗——吉藏。

其中，鸠摩罗什和僧肇的事迹以及对三论宗发展的贡献，我们前文已经介绍过，僧朗及其后的各位祖师，我们后文再详细介绍，这里我们要着重介绍的是一位虽然没有被列入三论宗祖师谱系，但是在三论宗的发展历史上有过重要影响的人物——道生。

1. 道生与什门的离合

道生（355—434），一般尊称为生公，俗家姓魏，是今天河北省巨鹿县人，寄居在今天的江苏省徐州市。道生出生在一个士族家庭，他的父亲曾经做过县令。道生幼年时就非常聪颖，很小的时候就跟随竺法汰（320—387）出家，并随他师父姓竺，所以常被称作竺道生。道生出家后披读经文，进步神速，十五岁时就开始登坛讲法，到二十岁的时候已经名声大噪，当时的王公贵族很多人不远千里来听他讲法。

中年的道生四处游学，见识广博。公元 397 年，道生来到庐山找慧远学习，遇到了僧伽提婆，并跟随僧伽提婆学习小乘佛教一切有部的经典教义。在庐山学习了七年后，道生听说鸠摩罗什在长安译经讲学，于是就和他的同学慧睿、慧严、慧观一起前往学习。道生因为在当时名气很大，所以来到长安后，受到了后秦皇帝姚兴的接见。姚兴在逍遥园接见了道生，并安排他和鸠摩罗什的弟子道融进行辩论。道生在和道融辩论的过程中，你来我往，非常精彩，道融所提的问题，道生都能够回答得非常圆满，道生的聪明才智、妙解经论给当时鸠摩罗什译经场的僧众们留下了深刻的印象，"关中众僧，咸谓神悟"。

道生跟随鸠摩罗什学习以后，主要精研中观三论，期间参加了《大品般若经》《小品般若经》的翻译工作，很快就成为罗什门下非常重要的弟子之一。罗什门下有"四圣""八俊""十哲"这样的叫法，道生都全部位列其中。

在跟随鸠摩罗什学习了大约四年的时间之后，道生离开了长安，回到了庐山。这个时候鸠摩罗什还没有圆寂，长安译场的译经工作也没有结束，道生的中途离开虽然看起来有点意外，但是其实并不难理解，因为这个时候的道生已经对鸠摩罗什所弘传的龙树、提婆的中观思想有了深入的研究，他自己的佛学观点已经开始有了一些和他老师鸠摩罗什不一样的地方。因此，义熙四年(408)，道生选择了离开长安。

2. 道生在南方的推广

道生离开长安后先是回到了庐山，一年后，也就是义熙五年(409)，他来到了建康(今南京)青圆寺。在青圆寺时期，是道生思想的创新期，他在佛教史上比较有影响的观点都是在这一段时间提出的。

道生对于佛学义理的探索不断深入，孜孜不倦，他著作了《二谛论》《佛性当有论》《应有缘论》等论文来阐述他的佛学思想，并对三论学有了进一步的理解和推广，他超越了旧说，意旨精妙而深微。但他的深刻也造就了他的不幸，当时的佛教学者有许多都是拘守文辞，教条主义非常严重，因此对于道生的一些观点，批评意见很大，产生了不断的争论，甚至有些人对道生恶语相向，呼吁不许道生说法。而这个矛盾冲突的高潮则是因为佛性的问题而引起的。

义熙十四年(418)，一代高僧法显在建康翻译出来六卷《大般涅槃经》，这部经的一个重要的观点就是一切众生都有佛性，只要身上的烦恼全部灭除，佛性便会彰显出来，除了一阐提(不信佛的人)。道生根据对六卷《大般涅槃经》的研究，他认为一阐提也能成佛。这一说法立马一石激起千层浪，在当时引起了轩然大波，对道生的批评和谩骂随之而来，许多佛教学者都认为道生这是异端邪说，他们视道生的说法如洪水猛兽，在一种虚妄的正义感支配下，对道生极尽讽刺挖苦之能事。这些人不但自己攻击道生，而且还向大众宣扬，于是道生制造邪说、坏乱佛法的声名越传越远，昔日对他敬若神明的信徒，现在也离他而去，甚至反过来攻击他。直到有一天，愤怒的人群围满寺院的大门，人们吵着喊着让道生滚出寺院，喧闹声像浪涛般打来，道生却如礁石一般，不动，不言，不怒。他的目光环视人群，人们渐渐安静下来。这时他迈步向前，走到人群中，没有人敢挨近他，大家纷纷后退。他平静地说："如果我宣说的与经义相违背，愿人见人厌恶的恶疾发生在我身上，如果并不相违，我死时将会坐在狮子讲座上。"说完道生就离开了建康。以己度人，我们也能感受得到道生离开建康时的悲愤和不甘。

北宋刻本《大般涅槃经》

其实道生的提法没有错，一阐提也能成佛这个观点在昙无谶翻译的《大般涅槃经》中是有明确表达的，只是当时昙无谶翻译的版本还没有流传到中国来。而之前法显翻译的那个版本并不是一个完整的版本，只是《大般涅槃经》的一部分，人们没有看到《大般涅槃经》后面完整的内容，所以不知道而已。道生在没有看到佛经原典的情况下，根据自己的研究推论，提出了和佛经完全相同的观点，从这一点就可以看出他佛学造诣的深厚！人类探索和追求真理的过程总是曲折的，而真理往往是掌握在少数人手里，道生的伟大之处在于他发现了大多数人都没有发现的真理，他的不幸也恰恰正是因为这个。相比于为了维护日心说，最终被教会活活烧死的意大利思想家布鲁诺，道生还算是幸运的吧，毕竟在他有生之年，还是等到了真相大白的那一天。

道生离开建康之后，来到了吴中的虎丘山。这个时候没有人愿意听他讲法，但他坚信自己所说的是正确的，于是他就每天对着一块石头讲说《涅槃经》，有一天当他讲到一阐提也有佛性的时候，石头也点了一下头，这就是"生公说法，顽石点头"的由来，后来就演变成我们今天常用的"顽石点头"这一成语。不久，昙无谶翻译的《大般涅槃经》传到了南方，里面果然说毁谤佛法者也有佛性，一切众生皆有佛性，和道生之前所说的一模一样。消息传扬开，僧俗士庶，无不佩服道生的卓越见识。道生得到这部经后，便决定开始公开说法。

宋元嘉十一年(434)，道生在庐山精舍升上法座开坛讲法，他神色开朗，讲解精妙，简单地讲解几句就能让高深微妙的道理非常清晰明白，听法的僧众十分欣悦。法会将要结束时，大家看见道生正襟危坐，面容端庄，仿佛入定了一般，这时他已经悄然离世了。

道生作为鸠摩罗什门下"四圣"之一，他是关河三论义学转向涅槃学的重要代表，他学通毗昙、般若、中观和涅槃，但以涅槃为中心，被称他为"涅槃圣"，是当时重要的思想领袖。

道生圆寂后，他所弘传的涅槃学得到了广泛的弘扬。从南朝宋初以后，南方出了不少的涅槃师。其中属于道生系统的，宋有宝林、法宝、道猷、道慈、僧瑾、法瑗，齐有僧宗，梁有法朗等。道猷是道生的弟子，道生圆寂后，他为新出的《胜鬘经》作注释，以宣传道生的遗训，后来道猷应宋文帝之请，在皇宫内申述道生的顿悟思想，孝武帝非常推崇他，称他为"克明师匠，无忝徽音"。宝林在道生之后，住在龙光寺，祖述道生的学说，著有《涅槃记》等。法宝是宝林的弟子，也祖述道生的学说义，著有《金刚后心论》等。可见道生对当时佛教的影响之深远。

道生的著作，见于记载的有针对《维摩》《法华》《泥洹》《小品》等经的义疏，现在只有《法华经疏》二卷还存世流传。根据《出三藏记集》记载，道生的《维摩经疏》比僧肇对《维摩诘经》的注释要更能发明深旨。此外，《善不受报义》《顿悟成佛义》《二谛论》《佛性当有论》《法身无色论》《佛无净土论》《应有缘论》等著作都已佚失。道生的《涅槃三十六问》等关于佛性的问答作品，其中只有《答王卫军书》一首现存，收入《广弘明集》卷十八，其他的都已经遗失。

道生融会般若空观和涅槃佛性说的精义而成一家之言，他先本于"万法虽异，一如是同"的论据，说一切众生皆有佛性，但为烦恼所覆，受生三界，进而说一阐提也是众生，当然也有佛性，只要断坏烦恼，皆得成佛。关于佛性的解释，道生著有《佛性当有论》，但其文已佚。

顿悟成佛，也是道生的主要学说。所谓顿悟，即是与真理相契无间的豁然大悟。后世称此种顿悟为大顿悟，而把支道林等人提出的有渐进的顿悟称为小顿悟。依道生之说，真理湛然常照，本不可分，只是凡夫由迷惑而起乖异。然而真理既然不可分，所以悟入真理的极慧，自然也不允许有阶级。以不二的极慧照不分的真理，豁然贯通，涣然冰释，这叫做顿悟。此说与后来禅宗以顿悟为明心见性的主张有直接的关系。[①]

道生的佛学思想从关河三论的空转向了佛性的有，真空和妙有其实都是三论宗的思想内容，道生在继承般若学和关河三论中观思想的基础上，又有了进一步的发展，道生的思想和关河三论既有联系又有了一定的区别。以道生为代表的鸠摩罗什门下一批离开长安到东南各地发展的僧人，他们都是罗什的第一代弟子，离开长安后，他们流向了庐山、彭城、建康、江陵、淮南、寿春、山阴等地，将关河三论的学说思想弘传到了全国各地，为后来三论宗摄山三论学的兴起奠定了广泛的义学基础。同时，这些人并不完全都是纯粹的三论学派，他们中有人坚持三论学，也有人转向了涅槃学，有人转向了成实学，有人转向了律学，呈现出多元分化的局面，也从某种程度上对中国佛教的其他宗派产生了深远的影响。道生的许多观点和思想在中国佛学思想史上具有革命性，特别是阐提成佛，顿悟论，都是发前人所未发，而又契合佛理。在三论宗的历史上，实际创始人吉藏对道生的思想非常重视，道生关注的涅槃问题后来也成为吉藏三论思想的重要内容之一。

① 黄忏华：《道生》，《中国佛教》第二辑，东方出版社，1980 年 4 月，第 70 页。

三、三论宗的正式创立

在鸠摩罗什及其弟子的时代，关中是三论学的重镇，在鸠摩罗什之后，他的弟子们遍布大江南北，除了僧肇等少数人之外，大多数人并不专门钻研中观、三论。罗什、僧肇之后，一直到摄山僧朗之间，研究和讲说三论的传统，在江南是保持着的，只不过这种三论的研究是与《成实论》的研究一起进行的，三论的研究被湮没在其中，沦为了《成实论》研究的附庸。《成实论》研究的盛行和成实学派的发展，是南朝齐、梁时期三论及般若学衰退的主要原因之一，而后来三论与成实的争论、分裂和对立，则最终导致了三论学的复兴和成实学的衰落。这其中的转折点，就是僧朗的南渡。

（一）从僧朗到僧诠

三论学从僧朗开始进入了复兴时期，从僧朗到僧诠再到法朗，三论学经过这三位宗师的努力，形成了自成一体的摄山三论学派，为后来法朗的弟子吉藏创立三论宗奠定了基础。摄山三论学派是指以僧朗为创始人，以摄山为中心，以中观三论为核心的义学流派[①]。摄山三论从僧朗开始，经僧诠、法朗的发展，形成了明确的三论法统，僧朗、僧诠和法朗三人也因此被称为"摄山三师"。

1. 僧朗重振三论

僧朗被尊为三论宗的中土三祖，但是这位祖师在历史上的记载却非常少，他的生卒年现在并不清楚，只知道他是南朝齐、梁时期的僧人，高句丽国人，原来活动在辽东一带。当时的鸠摩罗什桃李遍天下，罗什圆寂之后，他的弟子们都弘化一方，所以僧朗在辽东，或者在他从辽东南下的中途可能就遇到了关河三论的门人，并且学习了三论。

齐梁之际，僧朗南下建康(今南京)，居住在摄山，因此后人称他为"摄山大师"。僧朗聪慧颖悟，资性好学，刻苦勤奋，孜孜不倦，对所接触到的佛学经义很快就能通晓，别人注意不到或者不太常见的经、律、论，他都

---

① 董群：《中国三论宗通史》，凤凰出版社，2008 年 7 月，第 161 页。

有所研究，能够讲说得头头是道。对于《华严》、三论等佛教经典，他更是非常精通，所以在当时很有学名。僧朗除了长期在摄山止观寺修道外，也曾经在钟山草堂寺修行，当时的隐士周颙，就跟随他学道。

乾隆御笔"摄山栖霞寺"

僧朗到江南以后，首先和南方的成实师进行了一番辩论，辩论的结果是三论占了上风，之后僧朗开始弘扬三论，并逐渐声名远扬。南朝梁天监十一年(512)，梁武帝萧衍派僧怀、智寂、僧诠等十人来摄山跟随僧朗学习三论学，这件事使僧朗更加声名大噪。据说，梁武帝本人原来学习《成实论》，自从他派人向僧朗学道后，他自己也深受启发，从此改学三论，并常常向僧朗请教。

南朝齐时，僧朗来到摄山栖霞寺，跟随当时著名的僧人法度学习，深得法度的器重。法度死后，僧众便拥戴僧朗为栖霞寺的住持，直至他圆寂。

僧朗为了弘扬三论学，教授了不少弟子，而且大多数卓有成就。僧朗在对弟子的授业过程中，重心会而不重言说，这是僧朗三论学的特点。在僧朗的弟子中，僧诠最为得法，他嗣承僧朗住持止观寺，继续弘传三论学。

2. 僧诠继承家风

僧朗之后，继承三论家风的是被尊为三论宗中土四祖的僧诠。梁武帝天监十一年(512)，梁武帝萧衍派了十个人前往摄山跟随僧朗学习三论学，僧诠就是这十人其中之一，而且是其中最有成就的一个。

僧诠的籍贯、生卒年等信息历史上都没有留下记载，现在能够知道的是，僧诠最初学习的是《成实论》，后来奉梁武帝的敕令，与僧怀、慧令等十人来到摄山止观寺，才开始研习三论。此外，僧诠还深入研习了《大智度论》《大品般若经》《华严经》等，并努力习禅。

当时成实学盛行于江南，三论之风不振，僧诠继承了僧朗的法嗣，住持止观寺，从此大兴三论，人称"止观诠"。僧诠有比较明显的山林僧风格，注重实修，他担心三论宗"一切法空""无得正观"的思想人们难以接受，甚至被人误解，而招致毁谤大法，所以他从来不大肆宣讲，而且还经常开示门人："我执我见太深的人，不能为他们讲说。"弟子们都谨遵教诲，直到僧诠圆寂后，弟子们才打破禁戒，放言讲说、大开讲席。

僧诠门下弟子有数百人，其中法朗、慧布、智辩、慧勇四人深得僧诠思想的真传，被称为"诠门四友"、"诠门四哲"。四人当中慧布常住在栖霞山，发愿"誓不讲说，护持为务"。慧勇，住大禅众寺，讲说三论学说十八年，著述不断，人称"文章勇"。后来由于智辩和慧勇二人对僧诠所说的中道与假名的意趣领悟有所不同，讲说有异，他们两人固执"非有非无为中，而有而无是假"，所以被法朗门下称为"中假师"。四人中只有法朗承续了僧诠的法脉。

（二）从僧诠到吉藏

南朝前期，佛教思想界几乎是《成实论》一统天下，鸠摩罗什在关中传译的三论思想，在南朝前期是寂而无闻的。直到南朝后期，来自北方的僧朗来到摄山，弘阐三论，其后僧朗的弟子僧诠继续传播师说，僧诠的弟子法朗把三论学由山林推广到京城，与《成实论》学者开展了剧烈的斗争，沉寂已久的三论学说才在南朝广大区域复兴了。法朗的弟子吉藏在摄山三师的基础上继续弘扬，并最终建立了三论宗。后人谈到隋唐时期创立的三论宗，追根溯源，不能不谈及僧朗及以后的摄山诸僧，尤其是对复兴三论起到关键性作用的五祖法朗大师。

1. 走出山林的法朗

法朗（507—581），徐州沛郡（江苏省沛县）人，俗姓周，祖上历代都担任过高官，是当时有名的世家大族，号称"家雄六郡，气盖三边"。法朗少年时，性格豪放，习武从军。21岁时，年轻的法郎忽然觉悟到"兵曰凶器，身曰苦因"，便有了出家脱离苦海的念头。第二年，法朗就在青州(今山东益都县)出家了。

出家后的法朗四处游学，拜访名师。他在大明寺跟随宝志学习禅法，同时兼听大明寺的象律师讲戒律。后来又到南涧寺学习《成实论》，跟随竹涧寺靖公学习《毗昙》，慢慢他的名气就在京城一带流传开来。后来法朗来到摄山，跟随从僧诠大师学习《大智度论》《中论》《百论》《十二门论》，以及《华严经》《大品般若经》等经论，这时他才明白以前所学都不过是佛学的枝叶，大乘空宗才是佛门正宗。他对空宗体系的经论广泛研读，探讨幽微，迅速掌握了老师僧诠的学说，而且在僧诠的基础上又有所发挥。法朗与同学智辩、慧勇、慧布是僧诠门下最出色的弟子，当时人们称呼他们为"诠门四友"。这四人各有特点，智辩领悟能力最高，被称为"领悟辩"，慧勇文章最华美，被称为"文章勇"，慧布领会老师的意旨最深刻，被称为"得意布"，而法朗则被称为"伏虎朗"，这是说他气魄最大，连猛虎都能摄伏。

陈永定二年(558)十一月，法朗奉陈武帝诏入居京城兴皇寺，三论学也从此走出了山林，推广到了京城。此时的法朗已经52岁，思想成熟，学业成就，正是大有作为的时候，而陈武帝又特别爱好三论学，尽力为三论学的复兴铺平道路。法朗抓住这一大好时机，以大无畏的气概向主宰南朝佛学论坛近百年的《成实论》宣战。他每次登上高高的法座宣讲，除了阐述三论的义旨外，总要直言批评三论体系之外其他学说的瑕疵，他"斥外道、批《毗昙》、排《成实》"，而锋芒所向主要是针对《成实论》。

法朗的直言无忌，引起了成实师们的反攻。这些成实师多是佛门宿老，久居高位，势力很大。法朗自信学理优越，又有皇室的支持，所以面对成实师们的责难，毫不气馁退缩。他每登高座，常自称"不畏烦恼，唯畏于我"，意思说只要自己立论正确，立场坚定，任何强大的敌人他都不怕。他在兴皇寺轮番讲说《华严经》《大品般若经》、四论(三论外加《大智度论》),"往哲所未谈,后进所损略,朗皆指摘义理,微发词致",加上他词语明白晓畅,态度坚定从容,所以吸引了越来越多的听众。据说他讲论时听众来自四面八方,常常超过千人,讲堂容纳不下,大家只好屈缩着腿脚,挤在一起克服困难。天热人多,听众们挥汗成雨,法朗本人也讲得汗流浃背,以致准备了千领袈裟,每次上座,就得换一件袈裟,由此可以想象法朗讲座的盛况。

经过法朗的努力,三论的影响在南京一带获得很大发展。有人看到法朗势不可挡,写作了一篇《无诤论》,通过表彰守静缄默、与世无争的摄山僧朗,曲折地攻击"恣言罪状、历毁诸师"的法朗。法朗的弟子很多,很快就识破了论敌这种迂回攻击的策略。有一位俗家弟子傅縡,时任陈朝撰史学士,他出面写了一篇《明道论》回击《无诤论》,其中谈到当时建康城中学派斗争的形势时说:"奋锋颖,励羽翼,明目张胆,拔坚执锐,骋异家,衒别解。"可见当时斗争形势的紧张、尖锐,以及法朗为了弘扬所学而不计个人得失的可贵精神。

法朗就是在这样的形势下,在京城中以兴皇寺为大本营,为传播三论思想奋斗了二十五年,宣讲三论及《大智度论》《华严经》《大品般若经》各二十余遍,于陈太建十三年(581)圆寂,享年七十五岁,被称为兴皇大师。

三论宗经过法朗的弘扬,在当时可谓是风靡华夏。法朗的弟子众多,他们来自四面八方,在法朗这里学成之后,又散往四面八方,把三论学说带到了广阔的华夏大地。当时不仅南京附近,而且西到巴蜀,南到吴越,北到河北都

虚云大师书法"应无所住"

有法朗的弟子在弘传三论,三论宗的盛况,一时无两。法朗一生致力于三论宗的弘扬,也培养出了许多优秀的弟子。法朗门下弟子中比较有名的有

吉藏、罗云、法安、慧哲、法澄、道庄、智矩、慧觉、真感、明法师、小明法师、旷法师等，号称"朗门二十五哲"，其中最杰出的就是吉藏，他跟随法朗受业之后，弘化于各地，名震一时。后来，吉藏北上长安，广收徒众，著述丰富，并最终建立了三论宗，实现了法朗不但要使大乘经论宏通于南朝全境，还要弘通于燕、赵、齐、秦即北方广大地区的遗愿。

2. 集大成者吉藏

吉藏是法朗门下众多弟子当中最为杰出的一个，三论学从法朗传到吉藏是一个巨大的转折和高潮。吉藏之前，经过从僧朗到僧诠再到法朗这三位"摄山三师"的努力，三论学进入了一个复兴时期。吉藏继承法朗的法脉，建立了三论宗完整的思想体系，成为三论宗的实际创始人，迎来了三论学在中国最为鼎盛的时期。

吉藏(549—623)，俗姓安，祖上本是西域安息国人，先祖为了躲避仇家所以移居到了今天越南、广西一带，后来到了吉藏的父亲时，又举家迁居到了金陵(南京)，生下了吉藏。吉藏幼年时，他的父亲带他去见当时的佛教高僧真谛，真谛为他取名为吉藏。吉藏的家庭是一个佛教家庭，他的祖上历代都信奉佛教，他的父亲后来也出家了，法名叫做道谅。吉藏七岁时跟随当时的三论宗大师法朗出家，学习经论。十四岁时，他开始跟随法朗学习三论学的代表著作《百论》，到了十九岁的时候，他就可以为大众复述经论里面的义理，受到大众的广泛称赞。

吉藏受具足戒正式成为比丘之后，学习更加精进，声望也不断增高。当时的陈朝桂阳王陈伯谋非常钦慕他的学问，对他尊敬有加。陈末，隋兵进攻建康，社会极为混乱，许多寺庙因为战乱而荒废。吉藏趁这个机会和一些同学前往各个寺庙，寻找那些被逃难的僧人们来不及带走的佛教典籍，抢救了许多的典籍注疏，搜集到的文疏堆满了三间屋子。战事停止后，吉藏开始对搜集来的这些文疏加以整理。正是因为对典籍的渴求，他涉猎非常广泛，后来他的著述旁征博引，就是得力于这一时期的积累。吉藏的许多著作，如《涅槃经游意》《维摩经游意》《法华经游意》等，大约就是这个时期完成的。

隋朝平定江浙一带以后，吉藏来到了绍兴嘉祥寺，他在这里弘传佛法，跟随他学习的弟子最多的时候有上千人。人们以他所住持的寺庙名称称呼他为嘉祥大师，三论宗也因此称为嘉祥宗。嘉祥寺作为吉藏大师早期弘扬三论的道场，也成为了三论宗的祖庭之一。

隋朝开皇年间(581—600)的最后几年，当时还是晋王的隋炀帝杨广，在扬州建置了四个道场，邀请佛教知名学者入住。吉藏当时在嘉祥寺已经是盛名远播，因此被延请进入慧日道场，受到杨广的特殊礼遇。

开皇十九年(599)，杨广自扬州北上长安，吉藏也被他邀请同行。吉藏到达长安后，被杨广安置在日严寺，这时他开始埋头整理关于《维摩经》的著述，他的《净名玄论》，就是这个时期的作品。隋炀帝的次子齐王杨暕，很早就听闻吉藏的大名，大业五年(609)，杨暕邀请吉藏莅临他的宅第，同时邀集了长安名士六十多人举行辩论会，并推吉藏为论主。参加辩论的还有当时长安非常有名的高僧僧粲，他和吉藏相互辩论，来往了四十多个回合，结果还是被吉藏辩倒，吉藏也因此名声大噪。由于在长安这段时间比较安定，并且吉藏在三论造诣及资料的运用上已臻成熟，所以他在此完成了《大乘玄论》《三论玄义》及三论注疏等重要著作，建立了三论宗思想体系，成为三论宗的集大成者。

隋朝亡后，唐高祖李渊初到长安，召集佛教知名人物在虔化门下接见，吉藏被佛教界推为代表前往觐见。武德初年(618)，唐朝设置十大德管理整个佛教事务，吉藏就被选为十人之一。他在长安先住持实际寺和定水寺，后来齐王李元吉又把他礼请到了延兴寺。

武德六年(623)五月，吉藏因病逝世，世寿七十五，临终前他还写了一篇《死不怖论》。吉藏圆寂后被葬于终南山至相寺的北岩。

吉藏的学说渊源于摄山三论学派，在摄山的传承中，僧诠主要弘传三论和《摩诃般若经》，到了兴皇法朗的时候，就开始兼讲三论和《涅槃经》，这些都对吉藏一生的学问产生了影响。

吉藏一生的学说有三次改变，最初他宗承他的老师法朗的学说，深究三论和《涅槃》，后来他在三论学的基础上，又摄取了天台宗的《法华玄义》，最后倾其全力于三论的阐扬，著作了《三论玄义》，树立了自己的宗要。在他以前的三论学，被称为"古三论"，代表的有鸠摩罗什及其弟子僧肇的"关河三论"和僧朗、僧诠、法朗三代相承的"摄山三论"。到了吉藏时，他集三论教义于大成，因此他的三论学说也被称为"新三论"，又叫做嘉祥三论。

吉藏一生曾多次弘讲三论、《法华经》《大品般若经》《大智度论》《华严经》《维摩经》等经论，并对这些经论作了注疏。他的著作共计有四十余种，其中有的已经遗失，有的真伪难辨，现存的尚有二十六部：《华严经游意》一卷、《净名玄论》八卷、《维摩经游意》（即"维摩经义疏"卷首玄义）一卷、《维摩经义疏》六卷、《维摩经略疏》五卷、《胜鬘经宝窟》六卷、《金光明经疏》一卷、《无量寿经疏》一卷、《观无量寿经义疏》一卷、《弥勒经游意》一卷、《大品经游意》一卷、《大品经义疏》十卷（卷二阙）、《金刚经义疏》四卷、《仁王经疏》六卷。

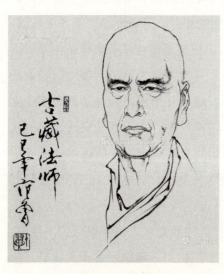

吉藏大师 范曾画

吉藏弘法五十多年，造就的弟子很多。现在我们在史籍中还能看到的有：慧远、智拔、智凯（吉藏门下同名的有两个人）、智命、硕法师、慧灌等。这些弟子有些人继续弘扬三论宗，有些人则转向了其他宗派的研究。其中值得一提的是吉藏的弟子高句丽国人慧灌，他曾经到嘉祥寺跟随吉藏研习三论，后来将三论宗传入日本，被称为日本三论宗的初祖。

（三）吉藏与三论宗的创立

三论学经过"摄山三师"僧朗、僧诠、法朗师徒三代人的努力，得到了很大程度的复兴，形成了摄山三论学派。直到法朗的弟子吉藏著书立说、广开法筵，成为三论学的集大成者，建立了具有中国特色的三论思想体系，三论宗至此才正式立宗。

1. 三论宗的正式创立

吉藏之前的关河三论和摄山三论都还处于学派的状态，从吉藏开始三论宗才算具有了宗派的特征，正式成为了中国汉传佛教宗派之一。中国汉传佛教宗派的形成与学派的出现密切相关，以致很多人将学派与宗派统称为宗派，所以，谈到宗派，我们就有必要说一下学派与宗派的关系。

佛教从印度传入中国后，不断适应中国社会和民众的需要，在中国文化的影响下，不断发生着中国化的转向。而这一过程的发生，一个重要的表现就在于佛教围绕不同经典而形成不同的思想与修学中心。这种围绕特定经典而形成的各有特色的修学体系，一般被称为佛教学派。[1]

李利安教授认为，与隋唐时代出现的佛教宗派相比，学派的基本特点表现在以下五个方面：

一是学无常师，但依经典。学派的维系和延续不依赖师徒上下传承，而完全依赖对某种佛教经典的兴趣。学派往往超越了师徒的范围，所以不可能形成统一的僧团和前后相承的传法谱系。

二是学无常态，各有发挥。学派依某部经典为中心而形成，不同研习者会有不同的侧重与不同的理解，特别是随着时间的推移和传播地域的变迁，同一学派内部可能形成不同的学理情趣与不同的修行风格，未能形成一以贯之的教学体系。

---

① 李利安、李心苑：《终南法脉》，陕西人民出版社，2015年1月，3-4页。

三是学无常地，四面开花。学派以经典为核心纽带，以经典的研习和弘扬为主要象征，所以，一方面随着研习者的流动而扩展其传播的范围，从而形成很多空间阵地，具有分散杂乱的特征，另一方面因为研习群体在一个寺院可能仅仅由部分人构成，往往并不能代表本寺院的全部学修内容，所以，学派一般没有固定而公认的祖庭。

四是学无常祖，道统缺位。学派一般并不通过判教等方式谋求正统性，更不会通过组建传法谱系来追认一个恒常不变的西方远祖，所以一般没有明显的派别、宗祖、道统意识，各个学派之间的分立并不像宗派佛教那样明显。

五是学无常行，专注学理。学派一般并不建立一种独立而完整的修行仪轨，对外来经典消化吸收的热切需求代表了那个时代经典先行的普遍特征，而经典先行主要体现在经典翻译的一浪高过一浪以及对新出经典的研读风潮，中国人对印度佛教的消化吸收也正在这种文化趋势下逐步完成的。

经过各个学派对佛教经典义理的深入阐释与大力弘扬，中国人的佛学理论水平不断提高，中国佛教的文化内涵也得到不断的丰富，佛教思想进一步深入中国社会，而这一切又为宗派的出现奠定了思想基础，于是，到了隋唐时期，中国佛教宗派便诞生了。

相对于学派来说，李利安教授总结佛教宗派的特点主要有以下五个：

一是师徒相承，形成相对完整的传法体系，并以这种体系为核心，形成具有文化认同性与情感亲近性的群体；

二是具有本派内部公认的、完整而相对定型的理论体系和修行体系；

三是通过判教进行正统性和崇高性论证，把自己宗奉的学说和其他学说区别开来，并确定为佛法的最高境界；

四是具有自己的弘法中心，一般表现为相对稳定的道场，从而形成被后世追奉为祖庭的寺院；

五是具有相对明确的派别意识，主要表现为对不与他同的教义和修持的宗奉，对创宗和传承祖师的认定与崇拜，对道统的认可与维系等。

总体上看，三论宗具有以下这些特点，从学派而成为宗派则是在吉藏时完成的。

　　(1) 三论宗传法体系的建立。三论学从僧朗开始，僧朗传僧诠，僧诠传法朗，法朗传吉藏，到吉藏时已经建立了连续四代师徒相承的完整传法体系，并以这种体系为核心，形成一个庞大的三论学研习弘扬群体。

　　(2) 三论宗理论体系的完成。隋炀帝大业四年(608)，吉藏完成了他佛学思想体系的纲领性著作：《中论疏》《十二门论疏》和《百论疏》。《中论》《百论》和《十二门论》是中观学派的主要论著，也是三论宗所依据的主要典籍。"三论"学，顾名思义，就是有关"三论"的学问。吉藏倾全力撰写三论疏的问世，标志着他所创立的三论宗思想体系的正式形成。

光绪二十一年金陵刻经处印《十二门论》

　　(3) 三论宗判教思想的确立。"判教"是中国佛教的特色，是中国的高僧大德对如来一代时教的判释，是对佛陀一生所说佛法的一个分类。在中国最早出现判教的是成实师，依据《涅槃经》的"五味"而判如来一代时教为五时教。后来天台宗继承了成实师的五时判教而建立了天台宗的五时八教。吉藏为了破斥当时盛行于江南的成实师而大弘三论，以二藏教而破斥成实师的五时教。因此三论宗判释如来一代时教为"二藏"。所谓二藏，即声闻藏和菩萨藏。吉藏主张一切佛教经典就其根本精神而言皆是平等、无有高下深浅之分，但由于众生根机不同而佛陀随机说法，因此才有大小二藏，并无五时八教之说。

　　(4) 三论宗弘法中心的确立。三论学经过僧朗、僧诠在摄山的多年经营，在江南影响逐渐增大，到吉藏时又建立了以绍兴嘉祥寺为根基的三论学弘法中心。吉藏在嘉祥寺弘扬三论，跟随他学习的弟子最多的时候有一千多人。吉藏也因此被称为"嘉祥大师"，三论宗称为"嘉祥宗"，可见嘉祥寺作为三论学弘传的弘法中心的地位和影响是已经确立了的。

(5) 三论宗道统的确立。吉藏本人非常重视家学师承，在他的著作中除了屡屡破斥《成实论》之外，还经常提到他的思想是间接承继鸠摩罗什、僧肇等的"关河旧说"，而直接来自"摄岭诸师"。吉藏一直以继承鸠摩罗什与摄岭僧朗以来的三论学统自居，在他意识深处，确实存在着鲜明的三论学统观念，吉藏认为的学统就是：鸠摩罗什—僧肇……僧朗—僧诠—法朗—吉藏。

三论宗发端于鸠摩罗什、僧肇，经摄山僧朗、僧诠、法朗到吉藏才建立起来，没有前人创建的传承和逐渐发展的基础，吉藏一个人不可能一下就建立一个宗派的。三论宗的思想教义在法朗时就已经基本形成，只是当时只重教学讲说，很少有文字著作，摄山诸师的道风更是禅观讲说，不存文字。到吉藏时才开始注重文字、著书立说，广设章疏，完成了一宗教义的著作。吉藏时才是三论宗的集大成者。三论宗的形成，开启了中国佛教的宗派先河，标志着中国佛教的真正成熟。

2. 三论宗在中国佛教史上的贡献

任何一个宗派的形成对当时和今后的历史发展都会有很大的影响，但是不同宗派由于各自学术思想的侧重面不同，对历史文化的发展影响轻重也会有所不同。三论宗是中国佛教的主要组成部分，对中国佛教历史的发展起了巨大的推动作用。根据理净法师的研究和总结，三论宗在中国佛教史上的贡献主要有以下几个方面。

三论宗的形成促使了中国汉传佛教宗派的形成。三论宗是中国汉传佛教八大宗派中形成最早的一个宗派，正是由于三论宗的形成，促使了后来各家立宗兴派以发扬自己的学术思想，从而形成了中国汉传佛教宗派的兴起，将中国佛教推向了一个新的阶段，为大乘佛教在中国的发展起了很大的促进作用。

促进了中国大乘佛教思想的形成。由于三论宗的思想在当时小乘佛教盛行的时期，是在破斥了当时的小乘成实、俱舍等的基础上，发扬了大乘佛教思想的。在三论思想未形成之前，中国佛教对大乘和小乘没有严格的界限区分，自从三论宗判释了大乘与小乘的分界线以后，小乘思想在中国佛教中逐渐失去了地位，最后逐渐完全灭绝，从而形成了中国大乘佛教的新局面。

发扬了大乘佛教的般若思想。三论宗的主要思想是以般若为主，般若思想是大乘佛教的重要理论基础，是佛教理论的最高思想境界。三论宗作为弘扬般若思想的主要宗派，它的形成将般若思想推向了佛教的最高思想理论殿堂。

推动了中国传统文化的发展。三论宗形成之时正是南北朝"玄学"盛行时期，三论宗的般若思想对当时的"玄学"思想产生了很大的影响。

三论宗经论的翻译和注疏为中国佛教史增添了辉煌。鸠摩罗什所翻译的经论辞句华丽、文体通俗，主要以"般若"系为主，是中国佛教翻译史上的四大翻译家之一。吉藏又是一位善于著述、博学多闻的僧人，他的注疏有一百余卷，四十多部。吉藏的三论注疏记载了中国佛教史上的一些重要文献资料，在中国佛教史上贡献卓著。

（四）三论宗的核心思想

三论宗上承印度龙树、提婆的中观学说，在中国经过关河三论和摄山三论时期的发展，到吉藏时形成了完整的三论思想体系。以下我们简单了解一下三论宗核心思想中的二谛与中道以及实相涅槃思想。

1. 二谛与中道

三论宗的中心理论是诸法性空的中道实相论。这种理论认为，世间、出世间一切事物，都是众多因缘和合而生，是众多因素和条件结合而成的产物，这叫缘起。离开众多因素的条件，就没有事物独立不变的实体，这叫无自性，也就是性空。为了阐明这种理论，三论宗提出了真俗二谛和八不中道等义理。

二谛

三论宗的根本理论是缘起性空思想，从某种意义上说，缘起性空的另一种表现形式就是真俗二谛。"真谛"又叫第一义谛或胜义谛，"俗谛"又叫世俗谛或世谛。真谛是讲"空"，而俗谛是说"有"，所以真俗二谛又叫做空、有二谛。所谓的"谛"，是真实不虚的意思，也就是真理的意思。三论宗认为真俗二谛就是两种真理，真谛是佛教圣贤所理解的，表现为诸法性空的理论，俗谛则是佛以方便力借助言语等对众生说的法。二谛都是佛说的法，佛为执著空的人依俗谛说有，为执著有的人依真谛说空，令大家体会超越有、空的诸法实相的道理，二谛不过是说法教化上的方便，这叫做言教二谛。

台湾的印顺法师在《中观今论》中对二谛做了精彩的论述。他认为，二谛是佛法中非常根本的论题。佛法的目的，在于引导众生转迷启悟，而引导的方法，即以二谛为本。《中论》说："诸佛依二谛，为众生说法，一以世俗谛，二第一义谛。若人不能知，分别于二谛，则于深佛法，不知真实义。"《十二门论》中也说："若不知二谛，则不知自利、他利及共利。"修学佛法，不外为了自利、利他、俱利，可见修学佛法，应该对二谛有透彻的理解。

印顺法师认为，佛依二谛说法，二谛中最主要的，为凡圣二谛。凡夫因迷情妄执，不悟真理，凡情的境界，即常识的世界，是世俗有的，名为世俗谛。胜义谛是圣人智见体悟诸法本相，而非一般的认识所认识的。这是特胜的真智界，故名胜义，即第一义谛。佛法教化众生使它从迷启悟，从凡入圣，主要以此二谛为立教的根本方式。要使众生解脱，就必要了悟诸法是非实有的，悟得法性本空为胜义谛。

中道

"中道"是佛教的一种认识方法和思维方式。它在佛教产生时就初步提出，在佛教后来的发展中又不断丰富，成为佛教理论的重要组成部分。

佛教最初提出的中道是所谓的"苦乐中道"，就是要信众舍弃两种极端（二边）：一种极端是对苦行执著，一种极端是对欲乐的追求。佛教认为要舍弃二边，取中道，才能趋向涅槃。佛教在发展的过程中，不同时期不同宗派对于中道的理解都有一些不同。三论宗的中道观是不着有无、空假二边，离此二边名为中道，以此观万物自性本来寂灭，自性本自清净，名为中道观。此中道观有二谛中道观、八不中道观、中假中道观、无所得中道观等。

二谛中道者，是说真俗二谛是相待而立。"真"是以俗为真，是对俗谛而说真谛。因此真谛并非真实的真谛，是为了说明俗谛是假有、是因缘所成、无有自性，而采取真谛是实、俗谛是假这样方便的说法。"俗"是以真为俗，是对真谛而说俗谛，因此俗谛也不是真实的俗谛，是为了说明真谛是真实法、无生灭之法，而说俗谛是假有不实、因缘和合而有的方便说法。真俗二谛是相待而有，本来非真非俗，离此真俗二边之见，即是二谛中道。

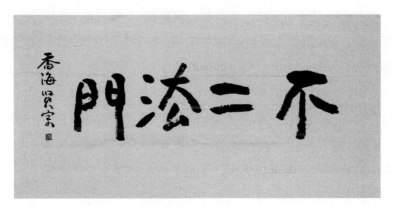

贤宗法师书法"不二法门"

八不中道，即以不生、不灭、不常、不断、不一、不异、不来、不出等八不法门，来说明二谛的理论，是从八个方面体会缘起性空的意义。龙树在《中论》的篇首说："不生亦不灭，不常亦不断，不一亦不异，不来亦不出。能说是因缘，善灭诸戏论，我稽首礼佛，诸说中第一。"生、灭、常、断、一、异、来、出，八种概念，是一般人所认识的事物存在与运动的状态，这些都和中道实相不相应，而众生把它执著为实在，所以龙树否定这些实在论的见解。

生、灭、常、断、一、异、来、出可以划分为"四双八计"，其中生、灭、常、断是时间方面的执著，一、异、来、出是空间方面的执著。这些执著都和中道实相背道而驰，以致堕于无因、邪因、断常等邪见之中，辗转迷执，不得出离。龙树对这些计执一一用"不"字来否定它，以彰显无所得的中道实相，称为八不中道。

无所得观是般若思想的最究竟境界，也是三论宗思想的主要部分。事物的本体是无自性的空寂，不能用语言、行为、思维所表达，就是一种无所得的境界。因此，"无所得"即是般若思想的体现，般若无得的思想也是建立在缘起性空的基础之上。"无所得"是一切佛法的精义所在，佛说一切法无不是在显示无所得的道理。吉藏在《中论疏》卷二中说："佛虽说一切名教，意在无所得一相一味，谓离相、解脱相。"这说明一切佛教经典都在申明无所得之旨，所以吉藏说："得与无得，盖是众经之旨归，圣观之渊府。"这就是说"无所得"既是如来出世说法的本意，也是般若思想的中心所在。佛教经论所倡导的"无所得"，是认为心有所得、法有所执是一切有情的烦恼和痛苦的根源。所以，要消除烦恼和痛苦就必须首先断除"有所得"的心思。因此，吉藏说："若有所著，便有所缚，不得解脱生老病死忧悲苦恼。……故有依有得为生死之本，无依无著为经论之大宗。"

三论宗是中国佛教中最为强调中道思想的一个宗派，三论宗其他的理论思想，如破邪显正和言教二谛等理论中都贯穿着中道思想，可以说中道观是三论宗理论中最为核心的部分。

2. 实相涅槃

涅槃是佛教所要达到的最高目的。佛教创立的教义、倡导的修行等最终都是为了达到涅槃的境界。涅槃也称为解脱，佛教在产生时就提出了这个观念，在佛教后来的发展中，涅槃的含义也得到不断的丰富。

涅槃这个词的本来意思是熄灭，在佛教中它的主要含义是烦恼的熄灭。佛教基本观念苦、集、灭、道这四谛中的灭谛，就是在说涅槃。涅槃是指要消灭人的欲望，从而消灭人的烦恼，使人最终摆脱痛苦。对于怎样达到涅槃这个问题，佛教在不同时期不同学派都提出了不同的观点。三论宗认为所谓涅槃就是认识世间万物的实相。

佛教，无论是小乘佛教还是大乘佛教，其根本特征就在于正确地说明因果现象，即说明缘起的道理。佛陀在世时，以人生现象为观察的对象，主要向弟子们讲十二因缘。佛去世后，部派分裂，一些部派以佛陀当年的说教为基础，对缘起学说又作了进一步的发展，即把它从对人生现象的认识扩大到对整个宇宙现象的认识，于是便出现了两种极端：一是有部的看法，认为一切现象都是实有，因为一切现象都有缘起作根据，而不是凭空产生的；二是方广等新兴部派，它们对大乘般若学产生误解，认为一切现象都是空，因为一切现象依因缘而生。前者绝对有，后者绝对空。

龙树正是在这种情况下对缘起理论进行了重新解释，他认为，释迦牟尼佛提出的缘起论是全面的，既不单纯说有，也不单纯说无，而是有无的统一。如果从因果关系上说有无，所能推论出来的不外乎生灭、断常、一异、来去等现象。对这八个方面都不应该执著，才是缘起说的根本，这就是我们前文介绍的八不中道。这八个方面是龙树根据佛在《般若经》里经常提到各种偏见而归纳出来的。只有排除生灭、常断、一异、来去等偏执，才能得出对现象的实在认识，达到真实，也即是实相。

释迦牟尼佛涅槃图

　　由于实相是世间和出世间一切现象最真实、最终极的境界，所以，从实相这一层次来说，世间同涅槃便没有任何区别。也就是说，只要体悟到实相，就可以证得涅槃。这样的涅槃就是实相涅槃。按照实相涅槃的理论，众生累世修行所要证得的涅槃，再不用到遥远的彼岸去寻求，在他们生存的这个世间就可以证得。不仅如此，由于涅槃是对实相的完整体证，所以，离开了世间，涅槃根本就证悟不到。而实相的体悟又离不开智慧的观照，所以，般若、菩提都是与世间同存的。实相涅槃理论，使涅槃成为一个积极的、现实的境界。

四、三论宗的历代传承

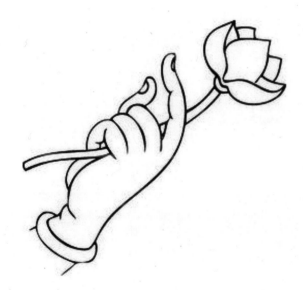

唐代以后，由于玄奘大师的声望，佛教思想转入唯识学说，再加上三论宗自吉藏以下后继无人，所以在唐末以后逐渐衰败。宋元明清时期三论宗的研习几乎中断，只有以三论宗祖师僧肇的著作《肇论》一书作为研究对象的"肇学"一直流传未绝。直到民国初年，杨仁山居士从日本请回在中国早已失传三论典籍，印刻流通，世人才得以一窥三论宗的全貌。

（一）唐代三论宗的传承与衰落

吉藏门下弟子众多，使三论法脉不仅遍布全国，而且远涉海外，东渡日本。但是到了初唐以后，由于玄奘法师的声望，中国佛教的主流思想开始转向唯识学说，天台、华严、法相等宗派相继兴起，再加上三论宗后继无人，从而使三论法门逐渐冷落，唐末会昌法难以后逐渐衰灭，到明清时代基本失传，退出了中国佛教的历史舞台。

1. 吉藏的弟子及其对三论的传承

吉藏弘法五十余年，造就的弟子很多，见于记载的有：慧远、智拔、智凯、智命、智实、硕法师以及慧灌等。吉藏的弟子中，继承和发扬三论宗思想学说的大有人在，而离开三论的研习转向其他学派的也为数不少。

慧远（597—647），俗家姓杜，京兆（今陕西西安）人，十岁的时候就跟随吉藏出家，受具足戒之后，就曾经登坛讲《法华经》，而且还写有章疏。后来他居住在位于今天西安市东南的蓝田县十几年，于贞观二十一年（647）圆寂，世寿五十一岁。据说他在吉藏圆寂后曾经"收其余骨"，在至相寺的后山上凿石窟安葬吉藏。

智拔（573—640），俗姓张，襄阳人。六岁出家，一开始跟随闿法师，闿法师觉得他是个可造之材，就把他推荐到当时襄阳有名的哲法师门下学习《法华经》。后来智拔来到长安跟随吉藏学习，深得吉藏好评。学成之后智拔离开长安回到襄阳，主要活动在耆阇寺和常济寺。智拔在襄阳一心弘法，每年讲《法华经》五遍，门人很多。贞观十四年九月十七日，智拔在居士张英家开讲《法华经》，讲完就去世了，世寿68岁。

吉藏门下有两个智凯，其中一个智凯生年不详，卒于公元646年，俗姓冯，丹阳人。据说六岁的时候就听吉藏讲《法华经》，后来跟随吉藏出家，因为他皮肤比较黑，所以被称为"乌凯"。他曾经跟随吉藏到嘉祥寺学习，吉藏后来北上长安，他留在静林寺聚徒讲学，贞观元年(627)他移居余姚小龙泉寺，经常为徒众讲解三论、《大品般若经》，他曾立誓不出寺门，不受布施。贞观十九年(645)，他应齐都督的邀请到嘉祥寺开讲三论，听者有八百多人。在嘉祥寺讲法的第二年，智凯便圆寂了，他是吉藏门下弘传三论最为出色的一位。历史上还记载智凯是一个很有爱心的人，"贞观元年住余姚县小龙泉寺，越俗狗生子多捐弃道上，凯怜之，收聚养育，乃至三十、五十，毡被与卧，不嫌污秽。"智凯可怜这些被遗弃的小狗，就把它们捡回来和自己一起吃住，可以说是有文献记载的最早办流浪狗收容所的出家人了。

另一个智凯，生卒年不详，俗姓安，扬都人，在出家之前，他就曾经到嘉祥寺去拜访吉藏，后来他跟随吉藏出家主要学习三论。他非常聪明，悟性很高，对于《中论》深奥的思想及其特有的表达方式并不感到有理解上的困难。吉藏后来北上长安，他也跟随吉藏一起，但是到长安以后他就放弃了自己在三论上的学习优势，转而学习诸子百家、史学等，对唱导也十分热心，慢慢偏离了三论宗的立场。

智命，生年不详，卒于公元618年。俗姓郑，河南荥阳人，一开始因为隋朝元德太子杨昭选拔人才，他受杨素的推荐入朝做官，曾任中书舍人，官至五品。大业二年(606)元德太子死后，他弃官学佛，虽然没有出家，但是四处游学参访，后来跟随吉藏学习法华、三论。再后来越王杨侗即位，他官至御史大夫。这时已经是隋末乱世，王世充起兵争夺隋朝政权，智命便和他的妻子一起相互剃发，私自出家了。但是出家并没有躲过灾劫，他后来还是被王世充斩杀，他的妻子躲过了一劫，继续做比丘尼，后来常住在洛洲寺。

智实（601—638），俗姓邵，陕西西安人，他十一岁在大总持寺出家，学习《涅槃》《摄大乘论》《俱舍论》和毗昙学等。当他见到吉藏的时候，那时他还只是一个小和尚，因为他长得比较奇特，眉毛中有一根白色的眉毛长达数寸，吉藏摸着他的头说："你这个孩子长得和别人不同，长大后的成就必然不凡，只可惜我老了，等不到那一天了。"智实虽然跟随吉藏学习，但是后来的学问也偏离了三论宗的立场。

硕法师，生卒年不详，隋末唐初人。擅长《中论》《百论》《十二门论》，著有《中论疏》十二卷、《三论游意义》等。日本平安时代的三论学僧安澄（763—814）在他所作的《中论疏记》等著作中，多次引用硕法师的见解。硕法师的《三论游意义》是隋代除了吉藏之外最重要的三论研究著作。他从四个方面讨论三论的基本意义，"一明经论游意，二明经论大归，三明中观宗者，四明无方问难也"，并阐述其基本思想。硕法师主张二谛是教，这也是三论宗传统的观点，他也提倡于教二谛说，认为《百论》名于谛，《中论》明教谛。对于四假，即因缘假、随缘假、就缘假和对缘假，他的看法和吉藏的看法相同，另外对于判教，他也总结了五时教和七时教，由此凸显三论宗的判教，这也正是吉藏判教的思路。

慧灌是高句丽僧人，又称做惠观、惠灌。他的生卒年不详，大约是隋代时来到中国，在嘉祥寺跟随吉藏学习三论。日本推古天皇三十三年（625），慧灌奉高句丽王之命前往日本，任职僧正，敕住奈良元兴寺，大弘三论宗旨，这是三论宗在日本的初传。白凤十年（682）慧灌任大和禅林寺导师，后来他创建井上寺，在此弘宣三论宗，被奉为日本三论宗初祖。

吉藏的众多弟子中，有一些转向了其他学派思想的研习，有一些弟子，如智凯、硕法师、慧灌等人则继承吉藏的宗

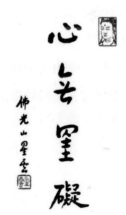

星云大师书法"心无挂碍"

三论宗的历代传承

风继续弘传三论。总的来看，除了慧灌把三论宗传播到日本以外，其他弟子的成就和影响都没有能超越或者可以与吉藏并肩的，这也是吉藏之后三论宗迅速消亡的原因之一。

2. 三论宗衰落的原因

我们从今天的角度来回顾三论宗在中国衰灭的过程，客观地分析其中的原因，大概有以下几点。

无卓绝大师。三论宗自从吉藏以后，就再没有出现非常卓越的伟大人物，没有能够被称得上祖师的人物来继承吉藏的学说，将三论宗发扬光大。虽然吉藏门下也有弟子慧远、智拔、智命、智凯、硕法师等人，但他们都没能阻止三论教义逐渐变得晦涩衰败的趋势，没能使三论宗绍隆复兴。

重理轻修证。三论宗自摄山三论一系的僧诠、法朗，以及大成宗师吉藏以来，学习三论的学者大都注重于讲学，偏重于义理上的研究，而忽略了将理论运用于行持上的修证。这就给人们一个错误的认识，以为三论学只有理论没有修证，所以渐渐地对三论宗开始疏远和遗弃，使得三论宗逐渐走上了衰落。

新宗派出现。由于唐朝初期玄奘大师受到唐朝统治者的推崇而得以盛弘唯识，所以唯识学在当时成为中国佛教思想的新潮流，佛教界纷纷以跟随玄奘学习唯识为荣耀，而三论宗此时吉藏大师已经圆寂，吉藏之后没有出现能够与玄奘相媲美的大师级人物，因此唯识宗很快就取代了三论宗，成为佛教界的主流。而且这时除了唯识宗之外，天台宗、华严宗、禅宗、净土宗等宗派也一时间纷纷兴起，所以三论宗也就逐渐无人问津，走向衰败。

学潮变迁。在魏晋南北朝时，由于玄谈的风气极盛，人们对于空的认识兴趣日盛，而三论学的般若思想非常适合当时人们的兴趣，所以三论学便很快兴起。但是到了唐朝以后，人们尊崇儒学，学风也转变为比较现实，而唯识学思想又偏重于现实，所以人们由崇玄转而趋向实际，也就重唯识而轻三论，三论宗也就逐渐走向衰败。再加上唯识学注重"心识"，立识破境、有破有立，使人们比较容易接受和理解，而三论学主张一切法内外皆空，心境都是假名没有实体，这一理论比较深奥，不容易被一般人所接受，这也就造成了三论宗后继无人的局面。

受禅宗影响。中国佛教到唐朝以后，禅宗很快得到盛行，就连后来一些研究三论的大师，例如元康也被划入禅宗的行列。由于禅宗在理论上与三论宗有共同之处，又能将三论宗的理论运用于实践，而修学佛法者最看重的就是实践，所以修学三论宗的人也就转向禅宗，这一点是三论宗衰灭后无法复兴的重要原因。

会昌灭佛。唐武宗发动的会场法难使当时佛教僧尼还俗，寺庙毁弃，经籍散佚，三论宗的主要立宗经典也在此次法难中散佚，三论宗因此失去了发展复兴的必备条件，很快在中国消亡了。

另外，《续高僧传》的作者道宣曾经评论吉藏没有"御众之德"，认为他在学问上成就非凡，但性格上稍有一些恃才傲物，生活上不拘小节，而且不善于和众人相处，并不是一个能够凝聚僧团的绝佳领导。所以，三论宗的迅速衰落，恐怕离不开吉藏的个人原因。

三论宗虽在中国迅即衰微，但吉藏的弟子慧灌将三论宗传入了日本，并在日本开宗立派传播了很长一段时间。直到二十世纪初叶，有"中国近代佛教之父"之称的杨文会居士，从日本寻回了散佚已久的三论宗典籍，绝响千年的三论学才得以重回华夏故土。

三论宗虽然起源于印度，但形成并发展都是在中国，上面我们说到的虽然是三论宗在中国衰灭的原因，但是无论在印度还是在日本，三论宗衰灭的原因都是有一些相似之处的。这些原因里有一些是三论宗所特有的情况，有一些则是中国汉传佛教八大宗派都曾经或者在未来可能面临的情况，值得我们今天深刻反思。

（二）宋元时代的三论传承

　　吉藏之后的三论宗，逐渐走向沉寂，成为了一门绝学，到了宋元时代，就已经悄然无声，连基本的典籍也难以找寻。这一局面的出现，固然是因为三论宗后期缺少传承，也和唐武宗的会昌法难和后周世宗的法难对于佛教经典的荡灭有关系。尽管三论宗在唐代之后没有道统承续，但是以三论宗祖师僧肇的著作《肇论》一书作为研究对象的"肇学"却一直流传未绝，成为晚唐以后三论传承的主要内容。

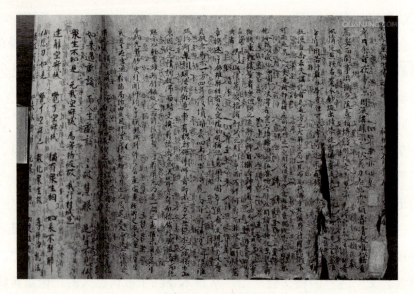

唐代写本《肇论》

　　宋元时代对于《肇论》的研究中，华严宗的净源、晓月，天台宗的遵式以及元代华严宗文才的《肇论》研究都是很有代表性的，构成了"肇学"的重要内容。

1. 净源的《肇论》研究

　　北宋华严宗僧人净源(1011—1083)，泉州晋水(今福建晋江)人，俗姓杨，皈依东京洛阳报慈寺海达法师出家，净源出家受戒之后，到各地参访学习，他在五台山跟随承迁学《华严经》，后来又跟随横海明覃学习唐代李通玄著的《新华严经论》。回到南方之后，他跟随长水子睿学《楞严经》《圆觉经》和《起信论》等。净源曾先后任泉州清凉寺、苏州报国寺和杭州祥符寺住持，最后任钱塘慧因寺住持。他一生努力弘扬华严教义，被各方学者推为"义龙"，即义学领袖。

净源的著作中与三论学相关的有《肇论中吴集解》三卷、《科》一卷、《令模钞》二卷，净源认为，僧肇对于关中的中观学具有纠偏的意义，对于《肇论》，净源有自己一套独特的理解和认识。元代华严宗僧人文才对净源解释《肇论》的观点多有引用。

《肇论中吴集解》虽然名为集解，但是注释却非常精练，它是净源根据中吴秘思法师的遗稿整理加工而成的。净源是站在华严宗的立场上来解释《肇论》的，他认为，宇宙万物的本原是"一心"，所以整部《肇论》显示的也是"一心"，即所谓"宗一心之源，莫深乎四论"。清代学者罗振玉所辑的《宸翰楼丛书》也收录了此疏。《肇论中吴集解》现有宋刻本、明刻本及明刻本的缩微制品。1949年，上海佛学书局根据宋刻本影印了《肇论中吴集解》。

《肇论集解令模钞》是对《肇论中吴集解》的进一步解释，在中国早已遗失。1980年，中国社会科学院哲学研究所在滕颖先生的协助下，从日本东京大学东洋文化研究所取得了手抄本的复制本。但是，遗憾的是它仍然是一个残本。现在日本名古屋真福寺宝生院还收藏有完整的本子。在《肇论集解令模钞》里，净源仍然立足于华严宗，其中的基本思想仍然不出《肇论中吴集解》的范围。

2. 晓月禅师的《夹科肇论序注》

晓月是一位禅僧，号称渤潭禅师，是北宋琅琊慧觉禅师的法嗣，俗姓章，洪州（今江西南昌）人。于宋熙宁年间（1068—1077）住持洪州渤潭宝峰精舍，以擅长《楞严经》著称。他曾经撰写了《肇论序注》，专门针对小招提沙门慧达的《肇论序》展开阐释，反映了宋代禅学界对于《肇论》关注的一个内容，虽然他这部著作里面有一些观点是从唐朝元康的《肇论疏》那里抄过来的，但是他自己的一些观点也是很独到的。

3. 天台遵式的《注肇论疏》

遵式(964—1032)是北宋天台宗山家派的僧人，台州宁海(今浙江宁海)人，俗姓叶。遵式十八岁时跟随天台山义全大师出家，二十岁在禅林寺受具足戒。二十八岁时，他在宝云寺宣讲法华、维摩、涅槃、金光明等经，并召集僧俗专修净土，写作了许多有关净土念佛忏仪的著作。后来，他复兴天竺寺并长期驻锡此地，跟随他学习的僧侣多达千人。明真宗乾兴元年(1022)，皇帝敕赐他"慈云"之号，因此他也被称作"慈云遵式"。仁宗明道元年遵式示寂，世寿六十九。

遵式所写的《注肇论疏》六卷，体现了宋代天台宗人对于《肇论》的典型看法。虽然历来为《肇论》作注释的人很多，但是遵式认为没有一家能够"推宗定教"，所以他立志来做这样一篇疏文。在《注肇论疏》中，遵式借鉴澄观解释《华严经》的方法对《肇论》进行阐释，他的《注肇论疏》是现存所有注疏本中注释最为详细的，注释的内容几乎遍及《肇论》的每个词语。遵式是以天台宗思想诠释《肇论》，即以真常唯心系理论解释性空唯名系理论。《卍续藏经》和《卍新纂续藏经》收有《注肇论疏科文》，是依据《注肇论疏》编排的。

4. 文才的《肇论新疏》和《肇论新疏游刃》

文才(1241—1302)是元代华严宗僧人，俗姓杨，清水(属今甘肃天水)人。文才少年丧父，对母亲非常孝顺。他熟读典籍，特别擅长性理之学。出家受具足戒之后，他遍游当时有名的讲经场所，掌握了华严宗的义学。元成宗(1295—1307)时，他被推荐为五台山开山祖师，敕封为"真觉国师"。

文才看到以前的《肇论》注疏互相矛盾的地方很多，因此他汇集了庵达法师、唐代光瑶法师和宋代净源法师的注疏本，仔细分析之后写作了《肇论新疏》。文才认为，《肇论》中的《宗本》和四论的关系是"一心"和"四法"的关系，且"即一是四、即四是一"。这是对净源说法的发挥。文才还创作《肇论新疏游刃》进一步解释《肇论新疏》，但思想内容没有多大改变。《中华大藏经》第一零四册收有《肇论新疏游刃》，另有《肇论新疏游刃科》1卷。

（三）明清时代的三论传承

明清时代的三论传承和宋元时期一样，三论宗典籍遗失，道统传承断绝，只有以三论宗祖师僧肇的著作《肇论》一书作为研究对象的"肇学"流传未绝。明清时代的"肇学"的主要内容有德清的《肇论略注》和关于《物不迁论》的争辩。

1. 德清的《肇论略注》

德清（1546—1623）是非常著名的明末四大高僧之一，俗姓蔡，字澄印，安徽全椒人，号憨山，因此也称为憨山德清。

德清少年信佛，十九岁礼云谷出家，专心念佛，当年入冬就受了具足戒。明万历元年（1573）德清来到五台山，看见有座憨山非常奇秀，于是用山名取作别号。三十九岁时，明神宗之母颁发三千金为德清建寺，他建议转赈灾民。明万历二十三年（1595），德清被诬告逮捕下狱，虽然苦刑拷讯，

憨山德清金身像

但查无实据，后来被以"私创寺院"的罪名充军。第二年，被充军的德清抵达雷州，时值大旱，饥荒和瘟疫并发，尸骨遍地。德清看到后就发动群

三论宗的历代传承

众掩埋尸骨，并为这些亡者做法事超度。天启二年(1622)德清回到曹溪，第二年入灭于南华寺。崇祯十三年(1640)徒众将德清的遗骸漆布升座，就是今天南华寺内供奉的德清肉身像。

德清对《肇论》的关注比较早，他所写的《肇论略注》对《肇论》注释很细，和以往前人的注疏重复的地方比较多。在他的疏中仍然用"一心"解释《肇论》，但赋予了"心"多重内涵。《肇论略注》是德清晚年的著作，所作的解释大多是源自于他的修行体验，并且书中融入了儒道释三教合一的思想，反映了德清所生活的时代特点。《肇论略注》现在有《卍续藏经》本、《卍新纂续藏经》本、北京刻经处线装本和台湾佛教出版社影印本。

2. 关于《物不迁论》的争辩

明代佛教界的《肇论》研究，有一个重要的特点就是由镇澄引发的关于《物不迁论》的研究和争辩。《物不迁论》是《肇论》的四篇论文之一，晚明佛教界曾经针对《物不迁论》展开了一场激烈的辩论。

镇澄首先对《物不迁论》发出疑难，写了《物不迁正量论》，他认为《肇论》的四篇论文中，只有《物不迁论》的内容是有问题的。他引用澄观的观点作为佐证，批评僧肇以"物各住性"解释"不迁"的意思。他的观点引起了当时佛教界的广泛争议，随后，道衡撰写《物不迁正量证》、真界撰写《物不迁论辩解》都在反驳镇澄。不久，龙池幻有大师著作《物不迁论题旨》《赘语》以及《性住释》来申述"性住"与"性空"的相异相即。云栖祩宏、紫柏真可、一幻道人和密藏开禅师都站在道衡的立场上发表了言论。

（四）三论宗在海外的传承

三论学作为一种学说从印度传到中国，经过鸠摩罗什、僧肇、僧朗、僧诠等人的努力形成学派，并在吉藏时正式开宗，成为中国汉传佛教八大宗派中出现最早的一个。尽管三论宗在吉藏之后很快就走向了衰落，但是三论宗传播到朝鲜半岛、日本后取得了很好的发展。

1. 三论宗在朝鲜半岛的传播

三论宗在朝鲜半岛传播的直接资料现在几乎没有，所以我们今天很难直接看到当时的具体情形。但是从一些与之相关的人物和事件，我们可以推测出当时的一些大概情况。

鸠摩罗什、僧肇之后，三论学在中国进入了渐隐时期，直到南北朝时，因为来自高句丽国的僧朗的出现和努力，三论学才进入了复兴时期。据史籍记载，僧朗在他入关之前，就已经具备三论学的素养，可见当时的朝鲜已经有三论学说在流传。除此之外，日本钦明、推古朝代，由高句丽、百济前往日本的贡僧，都是通达三论与成实学的学者，可见从中国传入朝鲜的三论学是比较早的。

朝鲜半岛历史上曾有高句丽、百济、新罗三国长期并存，佛教在公元372年首先传入高句丽，之后又迅速传到百济和新罗。公元6—7世纪，新罗佛教进入鼎盛时期，出现了圆光、慈藏、胜诠、慧超、圆测、元晓、太贤、义湘等一批著名佛教思想家，其中最著名的是元晓。他扬弃了三论宗和唯识宗相对立的不同侧面，提出了自己哲学的最高范畴"一心"，认为宇宙万物由"一心"的存在而产生和发展。可见当时的新罗国也曾经有过三论宗的传播。

2. 三论宗在日本的传承

日本最早有佛教是钦明七年(538)由百济圣明王献佛像、经论，将佛教传入了日本。现在日本的学术界公认推古三十三年(625)到日本来的高句丽慧灌正式把三论宗传入了日本，所以慧灌被尊为日本三论宗的初祖。

慧灌门下有弟子福亮、智藏、僧敏等多人，其中智藏是福亮俗家时的儿子，他本来是福亮的弟子，但是因为他在天智年间曾经入唐跟随吉藏大师学习三论，后来回到日本住在法隆寺宣讲三论，因此他反而超越了他的父亲，被推为日本三论宗的第二祖。智藏门下有道慈、智光、礼光三大弟子，其中道慈于大宝年间(701)入唐随吉藏大师的再传弟子元康学习三论，回国后传给弟子善议，被推为日本三论宗的第三祖。善议一系在大安寺弘讲三论，于是形成了"大安寺派"。智光、礼光一系在元兴寺宣讲三论，于是形成了"元兴寺派"。日本三论宗由此形成分派，深刻影响了日本当时的佛教界，这一时期是三论宗在日本的全盛时期。

日本奈良大安寺

日本三论宗的"大安寺派"由善议传给弟子勒操，勒操的同学安澄传弟子实敏，实敏传弟子玄叡而终止。而"元兴寺派"一系却日益兴盛，门下有灵叡对后来日本三论宗的发展产生了很大的影响。再传弟子圣宝曾于延喜五年(905)在东大寺创建了"东南学院"，作为弘扬三论宗的大本营。在此之后又有再传弟子永观、珍海都是著名的三论学者。镰仓中叶以后有再传弟子东大寺的圣守和京都广隆寺的澄禅等人都致力于振兴日本三论宗。但由于其他宗派的相继兴起和对三论思想的错误认识，使得三论宗在日本自从镰仓中叶以后基本上融合于华严、禅宗、天台、净土等后起宗派之中。三论宗从此之后在日本也是名存实亡，不见传承。

三论宗是日本佛教史上的第一个宗派，尽管后来它在日本奈良时代末期就已经衰落，而且之后它也未能振兴，但中观学的分析方法却成为日本佛学中一个极为重要的内容而得到了广泛肯定。日本明治时代的高楠顺次郎说，在日本对三论宗教义的研究，迄今未衰，因为对一个佛教徒来说，是把三论宗宗义当做学习佛法的主要科目和辨证推理时的尖锐武器，所以三论宗的研究是不可或缺的。

（五）三论宗在当代的传播

三论宗自唐贞观以后，在中国几乎灭亡。今天中国的三论是民国时期杨仁山居士从日本请回来的。杨仁山创办南京金陵刻经处，将吉藏大师佚失于日本的三论典籍，重新刻印流通，由此三论宗才得以在中国复兴流传于今。

1. 当代三论研究与传播

二十世纪，在支那内学院从事三论整理研究的江西黎端甫对三论研究最深，但因为他去世很早，遗著也随之散佚。之后又有钱塘张尔田写了《八不十门义释》一卷，也是致力于三论研究的。1925 年有湘江善因，主讲三论于武昌佛学院，曾经著有《中论述义》四卷。

近代佛学泰斗太虚大师(1889—1947)也致力于三论研究。1923 年春，太虚大师于武昌佛学院讲授《十二门论》，并著有《三论宗之源流》《十二门论讲录》《法性空慧学概论》《无生法忍总摄十二门义》等文行世。太虚大师对中观三论有着深入的研究，对于《中论》更是有着精湛的见解。太虚大师将《中论》视为一部破有无边见、显示中道实相的要籍，是千经万论的旨归、各个宗派的心髓。太虚大师认为中观的缘起性空的道理，能透彻说明宇宙人生的真相，要想彻底明了因缘法，就必须通达《中论》的八不缘起义，如果不通晓《中论》，是不可能明了佛法的要义精髓的。

台湾的印顺法师也是三论学的研究者，著有《三论宗史略》《中观今论》《性空学探源》《中观论讲记》等重要著作，他对三论宗的研究，在现代三论宗研究中具有重要的地位。中国佛学院刘峰（刘常净）也曾讲授三论宗课程多年，著有《三论宗纲要》《三论玄义记》《百论释义》《嘉祥宗要》等著作，影响颇深。

目前国内系统教授三论的，以中国佛学院为代表。中国佛学院作为中国佛教的最高学院设有研究生院，对于三论宗有一套完整的教学体系。中国佛学院分本科生和研究生班开授三论课程，主要的修学内容有：《三论纲要》《三论玄义》《百论》《十二门论》《中论》《嘉祥宗要》《大乘玄论》《二谛章》《肇论》等三论典籍。通过多年的教学，已经培养了理净法师等一批对三论宗深有研究的学僧，其中大部分人已经成为今天中国佛教各大院校的主要讲师，使三论学说流传不息，并且日益兴旺发达。

2. 三论宗学术研讨会

南京栖霞寺也是国内三论宗研究的重镇。栖霞寺是三论宗的祖庭，中国佛学院栖霞山分院在 2009 年 2 月成立了"三论宗研究所"，并于 2013 年 5 月成功举办首届三论宗学术研讨会。来自全国各地的法师、专家学者六十余人出席了大会，会议收到学术论文六十一篇。与会学者们认真梳理了三论宗的发展脉络、三论宗的立宗依据、与三论宗有关的思想和人物，深入研究了吉藏的佛学思想，对吉藏的论著、吉藏的思想、吉藏的判教等问题，同时还比较分析了三论宗与其他宗派的交涉以及与道教的关系。这次会议是我国佛教界召开的第一次关于三论宗研究的专宗研讨会。对于推动三论宗的研究来说，这次会议具有里程碑式的意义。

2015 年 5 月 16 日至 17 日，第三届三论宗学术研讨会在三论宗祖庭栖霞寺召开。此届共有来自中国社会科学院、北京大学、中国人民大学、南京大学等多所高校以及来自日本等国家的六十位法师、学者代表参加会议，共收到会议论文五十三篇。在研讨会上，与会的专家学者全面讨论了三论学与三论宗的思想及发展历程，并对吉藏大师的著作与思想进行了深入的研究探讨。此外，还有多位学者以三论宗对儒、道、魏晋玄学以及日本韩国佛教发展的影响，见解独到深刻。更值得一提的是，三论宗研究成果的现代应用及其未来的走向问题成为了此届研讨会的亮点和重要议题，并引发了激烈而深刻的讨论。

至今三论宗学术研讨会已经成功举办三届，收到学术论文百余篇，这些学术论文对三论宗的历史进行了比较全面的探讨，深入研究了三论宗对于佛教其他宗派的影响，对鸠摩罗什、吉藏等与三论宗有关的历史人物及其思想进行了梳理，产生了积极的社会影响。

3. 南京三论宗研究会

2016 年 8 月 7 日，南京三论宗研究会成立大会在栖霞寺召开。南京大学赖永海教授被聘请为研究会顾问，南京市佛教协会会长、栖霞寺住持隆相法师当选为研究会第一届理事长，对三论宗深有研究的董群教授、灵通法师等五位当选为副理事长。

南京三论宗研究会是由三论宗祖庭栖霞寺发起，由南京市各寺院出家僧人及大专院校三论宗相关学者、研究人员自愿组成的地方性、学术性、非营利性质的社团组织。据悉，新成立的南京三论宗研究会将重点开展对中观学及相关佛教文化的研究，团结南京地区研究三论宗的团体与个人，促进三论绝学的学习研究和传承交流，以传承发展佛教文化为己任，为推进南京的宗教事业的发展、促进和谐社会建设做出应有的贡献。

新当选的南京三论宗研究会理事长隆相大和尚在成立大会上致辞时说道："栖霞古寺是六朝胜迹，千佛名蓝。一千五百年前，僧朗、僧诠、法朗祖师在此弘扬三论，盛极一时，奠定了栖霞古寺为佛教三论宗祖庭地位；一千五百年后，佛顶骨舍利盛世重光，习总书记又号召中华文化伟大复兴，实现中国梦，而佛教文化又是中华文化之重要组成部分。三论宗传承已湮没千年，然时不我待，岁不我延，我等当勤精进以弘扬之！"

南京三论宗研究会的成立对三论宗的学习研究和传承交流具有重要的意义，是三论宗在当代传承与传播的一大盛事。

五、三论宗的祖庭沿革

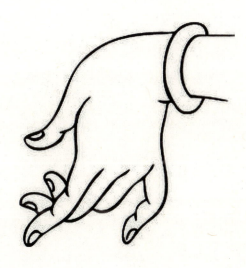

一个寺院如何上升到祖庭的地位？被认定为祖庭到底有哪些标准？对于这个问题，至今还没有一个权威而统一的说法。李利安教授认为，所谓祖庭，应该具有以下几个要素：第一，在历史上被奉为宗派祖师的人，他生前著书立说、译经弘教、收徒传法的寺院；第二，在历史上被奉为宗派祖师的人，他圆寂后舍利供奉的寺院；第三，被奉为祖师的人出家和驻锡过的寺院。因为一个宗派的祖师有很多位，而且一个祖师生前活动过的寺院和圆寂后舍利供奉的寺院往往是多个寺院，所以，一个宗派就会有多个祖庭。

　　那么，什么样的人会被奉为祖师呢？李利安教授认为，在中国佛教历史上，一个宗派的祖师序列是在不同时代逐渐形成的，凡是在该宗派历史上做出过重要贡献，尤其是在创宗过程中具有重要贡献的人物都有可能被奉为祖师。一般来说，会有这么几类人：该宗派所奉经典的翻译者和最初的弘扬者，如三论宗中土初祖鸠摩罗什，唯识宗中土初祖玄奘等；该宗派所奉经典的最初和最主要的注释与弘传者，如三论宗的吉藏等；该宗派所宗奉的思想与信仰以及修行方法的最初倡导者或最重要的推广者，如净土宗的慧远和善导；与该宗派理论情趣、修行风格相一致或者因为具有一定关联性而被后世奉为祖师，如禅宗的初祖菩提达摩；为该宗派的复兴或发展做出过巨大贡献的，如律宗的弘一大师李叔同，净土宗第十三代祖师印光等。

　　按照上面所说的这个标准，历史上的佛教祖庭应该是很多的。但是，实际情况并非如此，今天被奉为祖庭的寺院其实为数并不多，这主要是因为：第一，很多具有祖庭资格的寺院早已埋没无存，如三论宗祖庭长安日严寺；第二，受中国传统宗法制的影响，寻根问祖习俗更容易趋向一个单一的祖庭，所以一些在理论上可以被奉为祖庭的寺院并没有受到应有的重视，甚至失去了祖庭的名分；第三，八大宗派在宋代以后，历史影响力大大下降，在禅净合一的总体格局下，宗派特色消失，除了禅宗的传承依然维系之外，菩萨信仰、经忏佛事成为主流，彻底淹没了宗派形态的佛教，而建立在宗派基础上的祖庭自然也就不受重视；第四，中国的佛教宗派传承谱系并非是绝对严格的，祖师的追奉有时也比较随意，甚至存在争论，权威性自然就受到一定程度的影响，这也会影响到祖庭的认定。

除此之外，李利安教授认为还有一个重要原因，那就是很多人对佛教历史不是很清楚，尤其是对佛教历史与现实的佛教寺院之间的关联不够重视，不了解与祖师有关的寺院今天是否存在以及今天的寺院是否为历史上祖师的活动地，所以，很多祖庭处于无名分的状态。仅以陕西为例，若按照公认的祖庭标准，悟真寺和圣寿寺可视作净土宗的祖庭，因为善导生前曾经在悟真寺弘法和修行，印光祖师生前曾驻锡圣寿寺而圆寂后部分舍利也供奉于此；草堂寺也可视为华严宗的祖庭，因为澄观和宗密都曾经在这里著书立说；大荐福寺可视为密宗的祖庭，因为金刚智曾经在这里译经传教。因为上述原因，这些寺院一般并没有被认定为祖庭。可见，所谓祖庭，不但是历史已经给予的馈赠，而且是经历时光冲击淹没之后的现实遗存，更是当今世人的一种公认，堪称一种独特而稀珍的佛教文化资源。①

祖庭承载着中国佛教宗派的诸多信息，以其崇高的历史地位向人们昭示着中国佛教的辉煌，并作为一个综合性的文化载体，链接着中国佛教的历史与现实，彰显着中国佛教无穷的文化底蕴。同时，由于这些祖庭受到佛教界、学术界乃至政府有关部门和其他社会领域的重视，也使其成为别具优势的佛教寺院，从而比一般寺院具有了更高的品位、更多的关注和发挥更大作用的空间。三论宗历史上祖师众多，可以被称为祖庭的寺院也非常多，但传承至今，依然还存续着的祖庭则屈指可数。

（一）草堂寺

1. 寺庙概述

陕西有著名的"关中八景"，其中之一为"草堂烟雾"，这个著名的景观就在今天陕西户县的草堂寺里。草堂寺位于户县草堂镇，因为临近终南

---

① 李利安、李心苑：《终南法脉》，陕西人民出版社，2015年1月，6-8页。

山圭峰，因此也被称为圭峰草堂。草堂寺是中国汉传佛教三论宗的祖庭，也是汉传佛教历史上第一座国立译经场。草堂寺创建于东晋，迄今已有一千六百多年的历史。原为后秦皇帝姚兴所建的大寺的一部分，弘始三年(401)，姚兴迎请西域高僧鸠摩罗什居于此，苫草为堂翻译佛经，由此得名草堂寺。隋朝时，嘉祥大师吉藏以鸠摩罗什翻译的《中论》《百论》《十二门论》三部经典为依据，创立三论宗，尊奉鸠摩罗什为三论宗中土初祖，草堂寺作为鸠摩罗什的译经场和舍利供奉地，从而成为了三论宗的祖庭。实际上草堂寺与众多宗派都有很深的渊源，唐代的华严宗祖师定慧禅师宗密，就曾在草堂寺著书讲学；日本佛教最大的宗派日莲宗，尊奉鸠摩罗什所翻译的《妙法莲华经》为根本经典，因此也将草堂寺奉为祖庭，可见草堂寺在佛教中的重要地位。

2. 历史沿革

　　草堂寺原本是东晋十六国时期后秦大寺的一部分，后秦皇帝姚兴非常崇尚佛教，公元401年，他击败后凉，将高僧鸠摩罗什迎入长安，住在逍遥园和大寺等地翻译佛典。后来姚兴在大寺内建了一座草堂，提供给鸠摩罗什专门译经，这就是草堂寺的由来。

　　鸠摩罗什在草堂寺组织了庞大的僧团，从事佛经翻译。他的翻译风格简明扼要，深受僧俗欢迎，其中的代表作《金刚经》，连后来玄奘大师的翻译也未能超过其水平，至今仍是最通用的本子。鸠摩罗什在中国翻译佛经十二年，由于有后秦国主

草堂寺鸠摩罗什舍利塔

姚兴的支持，他不仅翻译出大量的佛典，而且培养了一批优秀的弟子，对

中国佛教的发展产生了重要的影响。鸠摩罗什圆寂后，皇帝姚兴为他在草堂寺建舍利塔，草堂寺作为鸠摩罗什的译经场和舍利供奉地，从此奠定了它作为三论宗祖庭的历史地位。

东晋刘裕于义熙十三年(417)灭姚秦，第二年，大夏王赫连勃勃又攻陷了长安。连番的战乱，使得鸠摩罗什留下的弟子们纷纷南逃，盛极一时的北方文化中心很快就衰落下去。公元444年，北魏太武帝灭佛，长安所有的寺庙都被摧毁，草堂寺也未能幸免。

灭佛运动结束后，草堂寺逐渐恢复。北魏孝文帝笃好佛理，常于宫中讲习经论，对鸠摩罗什非常仰慕，他下令重建草堂寺，并嘱咐既然鸠摩罗什有家室，就应该有子嗣，让臣下仔细查访，给予帮助。

北周建德六年(577)，北周武帝灭佛，草堂寺再遭劫难。隋朝建立后，统治者倡导佛教，草堂寺再次恢复。隋代郑州刺史李渊，曾经因为他的儿子李世民的眼疾，去草堂寺求佛保佑，并造了一尊石佛送入寺内供养。李世民登基后还记得在草堂寺许愿的事，后来他再次去草堂寺凭吊鸠摩罗什时，留下了"秦朝朗现圣人星，远表吾师德至灵。十万流沙来振锡，三千弟子共翻经。文含金玉知无朽，舌似兰荪尚有馨。堪叹逍遥园里事，空余明月草青青"的诗句(《唐太宗赞罗什法师诗》)。

唐朝时，草堂寺曾改名为"栖禅寺"，但旧名仍然被一直沿用。天宝年间，草堂寺迎来了著名的净土高僧飞锡在此主持寺务，传播佛法。飞锡之后，入住草堂寺的著名僧人是华严宗四祖澄观。澄观早年在江南传播鸠摩罗什所传的关河三论，唐德宗时期，印度乌荼国(今孟加拉)国王进献《四十华严经》，德宗请罽宾国般若三藏翻译此经，并召请澄观进入译场担任勘正，而且为《四十华严经》作疏，因为这个因缘，澄观入住草堂寺。元和年间，唐宪宗敕令重修草堂寺，高僧宗密大师在此弘扬佛法，这段时间被称为草堂寺的中兴之时。

宗密圆寂后的第二年，唐武宗就发动了影响深远的"会昌灭佛"运动，当时东西二京各留两寺，每寺三十僧，其他州府各留一寺。"会昌灭佛"运动拆毁天下寺庙四千六百多所，小一点的寺庙四万多所，拆下的木材用来建造驿站等，铁像用来制造农具，铜像用来造币，收得良田数千万顷，奴婢十五万人，僧尼被迫还俗者有二十六万多人。草堂寺也在拆毁之列。

到了宋初，草堂寺"旧房廊渐坏"，院主清绍、逍遥寺主清范、修造主修广等主持了又一次大规模的重修，草堂寺改称为"清凉建福院"。到金、元、明时期，仍然称为草堂寺。清代雍正十二年(1735)，鸠摩罗什的弟子僧肇被雍正封为"大智圆正圣僧"，草堂寺因此又改名为"圣恩寺"。同治元年回民起义，草堂寺也被烧毁。

民国时期草堂寺更加衰败，1930年，陕西省佛教协会成立，1934年，慈云法师任会长，他对草堂寺比较重视，建议将之改为"十方院"，对草堂寺也进行过建设，但成效不大。1938年，国民党黄埔军校第七分校派士兵将部分经幢及碑碣运走，新中国成立后才移回。

到中华人民共和国建立时，寺庙还有佛殿五间，东西厢房四间，元代铁钟一口，高1.5米。1953年春，印度尼赫鲁总理来华访问，周恩来总理拟陪同来草堂寺访问。借此机缘，草堂寺迎来了新中国成立以来的第一次修缮，寺院面貌焕然一新。1956年，草堂寺被陕西省公布为第一批省文物保护单位之一，政府拨出四万元，对草堂寺进行了大修缮，初步奠定了今天草堂寺的格局。

1957年以后，"左倾"政治运动频繁，草堂寺也受到严重冲击。"大炼钢铁"时，元代的铁钟被融，"文化大革命"时期，红卫兵冲进寺庙，砸毁佛像，焚烧经书，毁坏法器，幸运的是镇寺之宝《影印宋版碛沙藏》被住持净觉和隆悟、玄真法师暗中送到户县文化馆保留了下来。1971年，草堂寺被改为了文物保管所，僧人逐渐还俗，到1978年，寺僧仅剩圆照一人。1984年2月29日，草堂寺重新交给僧人管理，恢复寺庙性质。1985年3月，宏林法师被请为草堂寺方丈。1990年，由宏林法师主持，谛性法师主管，开始了对草堂寺的大规模重修，1992年谛性法师任草堂寺监院，1993年接任住持后，草堂寺的面貌发生了更大的变化。

（二）南京栖霞寺

1. 历史沿革

栖霞寺，位于江苏南京东北方二十三公里的摄山中峰西麓，是江南著名的古刹之一，与湖北当阳的玉泉寺、山东长清的灵岩寺、浙江天台的国清寺，并称为四大丛林。摄山是因为以前山里多产药草，食用后可以摄益身心，所以得名。

栖霞寺创寺至今，已有一千五百多年的历史。南朝齐高帝建元年间（479—482），当时的望族名士明僧绍（明征君）隐居在摄山，伐木结庐，绝尘避世。高僧法度从黄龙来到摄山后，和明僧绍交往很深。明僧绍非常敬重法度，把他当做老师对待，并且在永明元年（483），把自己的住宅捐舍为寺院，取名为"栖霞精舍"，供养给法度。这就是栖霞创寺的开始，也正是因为栖霞精舍，摄山从此被称为栖霞山。

当时，在江南的佛教界，成实宗是非常兴盛的，而三论学则很少有人在弘传，高句丽僧人僧朗来到江南后，非难了当时研习成实学的僧人，破斥了当时认为三论与成实是一致的观点，使三论学重新变得纯粹。后来，僧朗来到摄山，在法度的门下学习，法度圆寂后，他继承了法度的法席，从此住持栖霞寺，弘扬三论。由于僧朗在栖霞寺讲说、弘扬中观三论名震山邑，受到梁武帝萧衍的敬慕。天监十一年（512），梁武帝派了僧怀、慧令等十名僧人，到栖霞山跟随僧朗学习三论大义，其中只有僧诠学有所成。

僧诠是僧朗的主要弟子，因为住持摄山止观寺，所以人称"山中师"、"止观诠"。僧诠一生弘扬三论学说，独步当时。僧诠的门人很多，号称有弟子数百，其中慧勇、智辩、法朗、慧布四人最为知名，被称为"诠公四友"。僧诠的弟子中弘扬、讲说三论学最有影响的是法朗。法朗在摄山时，跟随僧诠学习《大智度论》《中论》《百论》《十二门论》及《华严》《大品》等经论，后来于陈永定二年（558）十一月，奉敕入京，住兴皇寺开讲四论三经。法朗弘扬中观学说二十余载，影响遍及江南。

　　从僧朗到僧诠再到法朗，三论宗经过这三位宗师的努力，形成了自成一体的摄山三论学派，为后来法朗的弟子吉藏创立三论宗奠定了基础。人们把这一时期的三论学称之为"摄山三论"，僧朗、僧诠和法朗三人也被称为"摄山三师"，三论宗的这一时期也被称为"摄岭相承"时期。僧朗、僧诠和法朗三人后来都被尊奉为三论宗的祖师，栖霞寺也因此成为三论宗的祖庭而名扬天下。

　　栖霞寺因为数代高僧传播三论学而名震江南，隋朝建立后，隋文帝杨坚于仁寿元年(601)六月十三日生日这一天，颁布了《立舍利诏》，将自己未做皇帝时，印度僧人赠送给他的一袋舍利分送天下八十三州，命各州造塔供奉，史称："分道送舍利，先往蒋州栖霞寺，及三十州次五十三州等寺起塔。"栖霞寺荣居排行榜首，可见在当时声望之隆。栖霞寺舍利塔便始建于此时。

栖霞寺舍利塔

　　唐朝建立后，高祖李渊敕改栖霞寺为功德寺，增建梵宫刹宇四十九所，栖霞寺当时和长安慈恩寺、荐福寺同为天下名刹。

　　唐高宗仪凤元年(676)，高宗李治在寺门前立御制《明征君牌》，碑石正面是高宗李治的撰文，由当时的书法家高正臣以行书写下刻成，内文介绍明征君创寺的缘起，同时改功德寺为隐君栖霞寺。《明征君牌》至今犹存。

唐会昌五年(845)，武宗李炎敕诏，大毁天下寺院，栖霞寺也没能幸免。直至宣宗即位后，大中五年(851)下诏重建栖霞，将栖霞寺改名妙因寺。唐代以后，妙因寺因朝代更迭，数次更名。宋太宗太平兴国五年(980)改名普云寺，宋真宗景德四年(1007)改名栖霞禅寺，宋哲宗元祐八年(1093)改名严因崇报禅院，因皇太后高氏崩，又改名景德栖霞寺。

北宋末，因金兵大举南下，宋高宗赵构南渡，金兵攻陷建康(今南京)后，栖霞寺毁于战火。之后，栖霞寺荒废了二百六十多年。直到明洪武二十五年(1392)，由于得到皇室的扶持，才重建了寺院，当时朱元璋敕赐"栖霞寺"一名，并诏赐僧田一千三百余亩。明宪宗成化年间(1465—1487)，栖霞寺被侵占寺田，全寺僧众被迫外徙，香火中断，古寺变成废墟达六十年之久。明朝万历二十八年(1600)至三十四年(1606)，栖霞寺住持明通在三空法师僧定和中贵人(宦官)客仲的襄助筹划下，对栖霞寺进行了历时七年的大规模修复，山门、天王殿、大雄殿、祖师殿、伽蓝殿、藏经楼、韦驮殿、接引殿、三圣殿、地藏殿、鹿野堂、碧霞元君殿等建筑，鳞次栉比，金碧辉煌，寺院的格局比以前更加宏伟壮观。

清代以后，寺僧觉浪、竺庵、楚云等对寺院多有营建与增筑。乾隆年间，皇帝六次南巡，五度驻跸栖霞行宫，栖霞寺因帝王的驾临而增辉添色。那时，乾隆皇帝的行宫就在栖霞寺旁边，栖霞寺也因此被整修了一番。当时全山共有二千余间建筑，殿宇巍峨，冠绝东南。

咸丰五年(1855)，清军同太平天国军大战于栖霞山尧化门一带，栖霞寺殿堂精舍被摧毁，破敝荒烟，六十余年无人修茸。直到1919年，在镇江金山出家为僧的宗仰上人(1861—1921)朝礼九华山时，途经栖霞寺，见其凋敝，于是应寺僧之请住持栖霞，克力振兴。宗仰上人曾经资助孙中山进行革命，所以当他任栖霞寺住持，发愿重建这座千年古刹时，孙中山一得知就率先捐款。由于孙中山的支持，各方恭贺赞助的人很多，这对重建栖霞寺有很大的助益。宗仰法师圆寂后，若舜法师(1880—1943)住持栖霞寺，多方募资，进一步修缮庙宇，重塑佛身，栖霞寺开始显露生机。今天的栖霞寺，便是在民国年间的基础上修复的。

值得一提的是抗日战争期间，日本侵略者在南京进行了惨无人道的大屠杀，为了保护难民和中国军人的生命安全，以寂然、志开、昌明等为首的栖霞寺僧人，成立了栖霞寺难民收容所，先后援助和安置难民两万四千多人。也正是那个时候，年仅十二岁的星云大师在栖霞寺出家，礼志开上人为师，在师父的严格管教下，星云大师不负师教，在佛教的近代传播上做出了巨大的成绩，他已经九十高龄，仍然在为佛教事业奔走于世界各地。

栖霞寺千佛岩

栖霞寺历经千年风雨沧桑，在"文化大革命"期间又遭严重毁坏。庆幸的是当时政府派部队进驻寺内，使藏经楼中保存的 1957 年从古林寺迁入的一部清代龙藏、半部明代南藏及其他珍宝得以完整保存下来。自 1980 年起，人民政府对这一千年古刹进行重新修缮，栖霞寺又焕发出了新的光彩。

2. 近代高僧

三论宗祖庭栖霞寺在中国近代历史上影响极大，民国时期，这里不仅出现了与孙中山、冯玉祥等革命领袖往来甚密、为中国近代民主革命做出重要贡献的革命和尚宗仰法师，也培养了在国难当头时积极营救南京大屠杀难民的爱国高僧寂然、志开等法师，更是走出了像星云大师、煮云法师等开创了中国佛教新局面、使中国佛教传播到世界各地的一代高僧。

革命和尚：宗仰法师

宗仰法师（1861—1921）是我国近代史上托迹空门的爱国志士，被誉为佛教界的一流人物，他同时也是一位颇具影响的诗人、教育家。他先后参加过反清革命组织同盟会和文学团体南社，并与孙中山、冯玉祥等许多革命党人有过密切交往，积极从事民主革命活动，是著名的爱国人士。

宗仰法师俗姓黄，原名浩舜，宗仰是他的法名，别号乌目山僧，后称印楞禅师。1861 年 5 月出生于常熟，他的父亲在这座小城的南门外开设了一间名为黄大隆的米行，他的母亲赵氏笃信佛教，是常熟虞山三峰清凉禅寺的信徒。

宗仰自幼聪敏好学，喜爱文墨，才智过人。但他对家中往来的生意不感兴趣，除了读书求学，每当母亲去寺里进香，他总是跟在身边，因而从小就受到了佛门的熏陶。十六岁那年他在三峰清凉寺出家，清凉寺当时主事者是药龛上人，其戒行著称于江南，与翁同龢、赵宗建等士人过从甚密，而且重视培植僧才。他聘请名师王伊到寺课徒，使该寺沙门子弟有机会受到多方面的教育。

宗仰得到王伊的悉心教导，又因为清凉寺是千年名刹，藏书丰富，他能博览群书，认真攻读，所以在短短几年时间里，他就深研佛教经典，旁涉中外学说，并对琴棋书画、园林艺术等许多方面都有涉猎。他作的山水画，落笔如风雨，于苍秀中见劲气，他的诗受到龚自珍、黄遵宪、郑珍等人的影响，苍湛突兀，充满爱国主义激情。翁同龢有一次看到宗仰的诗文，称赞他："辞茂义幽，莫测其际。"并说："子习举子业，住著自缚，倘入缁门，慧海之舟楫也。"从此宗仰更加视功名如粪土，对佛教经典深研细究。

十九世纪末的中国，日趋腐朽的清政府已处于风雨飘摇之中。常熟城里的一些读书人经常聚在一起议论时政，担心自己国家的前途。宗仰虽然已经剃度为僧，但仍然和这些士人往来频繁。1884 年初，他应一些友人之邀出游无锡，适逢春日庙会，熙熙攘攘，所到之处士女杂处，游人云集。遁入空门的宗仰循迹其中，被一些人认为他触犯了戒律。

清凉寺的一位施主得知后，认为有损寺里的声誉，要求清凉寺对他严加管束。生性倔强的宗仰不愿意因此受辱，便决心离开三峰，云游四海。药龛上人对爱徒的远离心里很是放心不下，亲自把他送到镇江金山寺挂单受戒，令其改拜该寺方丈长净为师，并请长净法师对宗仰多加关照。长净看宗仰颖悟非凡，格外喜欢，对他加力培养。宗仰在寺内学习日、梵、英等文字，以后又到南北名刹朝山进香。宗仰游历齐鲁燕赵，继而循海过越南至闽粤，遍历各省名山大川。每到一处，领略江河秀色，山川灵气，他总是赋诗作画，气益豪，诗益壮，画益进，爱国之心也更加炽烈。

1899 年，宗仰回到上海之后不久，戊戌变法失败。他对清政府的腐败无能和祖国河山被列强瓜分的局面忧心如焚。他与唐常才等人在上海发起组织救国会，是一个包括士农工商的爱国团体。当时俄国图霸满洲，逼清政府签订密约。一些爱国志士举行集会，宗仰登台演说，情辞恳切，动人心弦，令听者动容。会后他们致电清政府，要求废除密约。

1900 年，八国联军攻下北京，清政府被迫签订丧权辱国的《辛丑条约》。当政者昏庸腐朽，海内偷安嬉戏的人又比比皆是，宗仰对此十分痛心，于1901 年作《庚子纪念图》，以寄托他的愤慨，并且希望观者勿忘国耻，应该群策群力，报效祖国。

1902 年，宗仰和蔡元培、章太炎、蒋智田、吴稚辉等人在上海组织了"中国教育会"。这是一个以爱国教育和推翻清政府为己任的革命团体，宗仰被推为会长，蔡元培为事务长。教育会最初的目的是通过改良编制教科书，向青年灌输新教育，认为振兴中华，要从改造青年思想入手。

1903 年，俄国入侵东三省，我国留日学生因为组织"拒俄义勇队"被遣返回到上海，同年十一月，上海南洋公学学生因反对校方禁谈时政而罢课，校方迫令二百多名学生退学。为了收容这些退学青年，宗仰又设法募捐，成立了当时号称"东南革命大本营"的爱国学社，收留从日本、南洋公学及南京陆师学堂等退学的学生。在此之前，他还创办过一所爱国女校，这几所学校都是全新式的学校。这年的五月，宗仰还资助浙江大学堂退学生组织"新民塾"。宗仰以他的特殊身份和他与犹太富商哈同的华籍夫人罗伽陵的佛缘关系，利用"哈同花园"的"安全区域"，为先后到达上海的秋瑾、徐锡麟、陶成章、苏曼殊、李叔同、黄兴、陈天华、邹容、章太炎等革命人士提供活动场所。

宗仰法师

1903 年，宗仰作《〈驳康书〉书后》《〈革命军〉击节》和《饯中山》三首诗，分别歌颂了章太炎、邹容和孙中山三位革命家的战斗活动，同时鞭挞了当时保皇势力的代表人物，这反映了宗仰的爱国主义思想正随着形势不断发展，他从原来鼓吹"尊王攘夷"演变成了反对保皇，成了一名资产阶级民族民主革命者。

1903 年，发生了举国震惊的"苏报案"。清政府下令封禁《苏报》，逮捕了邹容、章太炎，蔡元培、吴敬恒等逃亡日本。宗仰在事发之初，曾经留沪奔走营救邹、章。后来，清政府勾结租界捕房把宗仰的名字也列入了黑名单，宗仰因此逃亡日本。

正好这时候，孙中山先生自河内，经西贡、暹罗抵达横滨。宗仰慕名前往，孙中山与他一见如故，特辟楼下一间房子给宗仰居住，此后两人关系一直非常亲密。宗仰出资支持了革命党人所办的《江苏》杂志，在这份刊物上，孙中山、宗仰、金松岑等人发表了许多诗文，对于当时国内知识界朝着革命方向的思想演变起了很大的推动作用。

宗仰古道热肠，在他人遇到困难之时总是伸出援助之手，不仅是物质上的，还有精神上的。孙中山在美国流寓期间，曾经与保皇势力进行过激烈的较量。孙中山在同康有为、梁启超等人的论战中，得到了宗仰的有力支持。

1904 年，蔡元培、陶成章、龚宝铨等人在上海成立光复会，宗仰也是此中骨干成员。1905 年，光复会与华兴会、兴中会联合成立同盟会，宗仰是同盟会会员。不久，"苏报案"平息，章太炎出狱，宗仰守候于牢门，为他安排一切，并赠给旅费，让章太炎去往日本。

1912年淞沪都督李燮和率师北伐，急需装备，宗仰为他筹集巨额饷银，对革命力量作出了巨大的支持。不久，章太炎从日本回国，宗仰迎接并安排章住在哈同花园中。紧接着，孙中山从欧洲回来，船停在吴淞口，宗仰亲往迎接孙中山到哈同花园与廷芳、蔡炎培等三十多位革命党人会晤，共商建国大计。

辛亥革命后，胜利果实很快被袁世凯等军阀篡夺，曾经充满爱国热忱的宗仰痛心疾首，颓然而退。1920年，宗仰偕同青权法师以及扬州的寂山、雨山法师去九华山朝山，途中看到栖霞寺仅存几间破屋供法意老和尚栖身，在法意的请求和青权、寂山、雨山等人的支持之下，宗仰答应到栖霞主持寺庙的复建工程。

由于栖霞寺荒圮已久，原来的山地寺产已经被江宁县改作他用，宗仰起而力争，经友人奔走斡旋，终于将山地寺产收回。孙中山对宗仰主张修复栖霞寺也非常支持，捐助银元一万，作为归还当年宗仰义助革命之款。其余曾经得到过宗仰帮助的国民党要员、与他素有交往的文人学士也纷纷解囊，随缘乐助栖霞寺。为了便于修建工程运输物资和四方士众前往观光，当时的政府交通厅行令给沪宁铁路局，将南京郊区的松树村车站移至栖霞山。栖霞寺因宗仰的到来而日趋繁荣，寺庙的修建工程进展很快，毗卢宝殿平地而起。这个时候，整个寺庙的规模略定，而宗仰却积劳成疾，于1921年7月圆寂，年仅57岁。

爱国高僧：寂然法师

近年来，南京栖霞山下的千年古刹栖霞寺修建了一座寂然法师的铜像。这位充满爱国情怀的高僧在1937年底带领寺庙的僧众，紧急成立了南京大屠杀期间唯一由中国人自己开办的难民救助机构栖霞山难民收容所，与日本侵略军进行抗争，保护了两万四千多名难民。其事迹也随着电影《栖霞寺1937》渐渐被人们所熟知。

寂然法师是江苏盐城东台栟茶市（今江苏南通市如东县栟茶镇）

人，俗姓严，少年出家，在宝华山隆昌寺受戒。后来才来到栖霞寺。

1937年12月，日军侵略南京，进行了震惊海内外、惨无人道的南京大屠杀。南京附近的难民无家可归、无处藏身，很多难民逃亡到了千年古刹栖霞寺。国难当头，寂然法师虽然是一名手无寸铁的出家人，但他大义凛然，在栖霞寺建立难民收容所，凭借自己的力量与智慧和日本军人斗智斗勇，保护了二万四千多名难民。

大屠杀期间，日军多次袭扰栖霞寺，肆意杀害儿童、强奸妇女。有一次，日本兵公然在庙堂里强奸了一名十四岁少女，在场的难民都愤怒无比，要和日本兵拼命，寂然法师出面力劝难民，阻止了更多的流血。

为了阻止日军对于栖霞寺的袭扰，寂然法师书写抗议书，通过丹麦工程师辛德贝格转交给拉贝先生，并翻译成英语递交给日本大使，来控诉日本军人的罪行。这篇文章的题目是《以人类的名义致所有与此有关的人》，被记录于《拉贝日记》中。

根据《栖霞山志》记载，大屠杀期间，栖霞寺的法师们把寺里的全部粮食都拿了出来，以解决几万名难民的吃饭问题。原来栖霞寺的僧人一日三餐，寂然法师为了救济更多的难民，号召僧人一日两餐，以减少饮食，

寂然法师

他说：修行之法，日食两餐，补济饥饿，救难民生命为第一修行大要。他鼓励僧众如今国难当头、众生有难，应当学习阿弥陀佛的四十八愿普渡众生，应当学习观音菩萨的慈悲精神为我中华寻声救苦。南京大屠杀过去后不久，寂然法师因为积劳成疾，于1939年10月12日圆寂，由弟子们葬于寺后中峰。

2004年，栖霞寺后花园施工时，发现了"栖霞难民所"碑与"寂然上人碑"各一块。上面记载了在侵华日军南京大屠杀时，时任栖霞寺监院的寂然法师

与栖霞寺僧众如何保护难民的历史。碑文中记载："民国二十六年七月，卢沟桥事起，烽火弥漫，旋及沪京。载道流亡，惨不忍睹。上人用大本、志开两法师之建议与襄助，设佛教难民收容所于本寺。老弱妇孺获救者二万四千余人，日供两餐，时逾四月。道途宁静，始遣之归，真盛德也。事变以后，若老在香港，卓公住泰州，上人留守栖霞，苦极艰深，困行忍迈，铁肩负厄，处之怡然"。碑文中的"上人"即是对寂然法师的尊称。

栖霞律学院走出的高僧

民国时期的栖霞寺，由志开、大本、觉民等法师创办的栖霞律学院对中国佛教的贡献不可谓不大，从创办人到学生，都对当代中国佛教的发展产生了深远的影响。

志开上人（1911—1979），江苏海安人，与大本、觉民等法师创办栖霞律学院，后任栖霞寺住持，是台湾佛光山开山星云大师的师父。抗日战争期间，志开上人时任栖霞寺监院，1937年，日本军队侵入南京城，烧杀抢掠，志开上人到处奔走，救死扶伤。并在这一期间收今觉法师（星云大师）为徒。南京大屠杀期间，志开上人和寂然法师将栖霞寺作为避难所，挽救二万四千多人免于日寇屠杀。抗日战争胜利后，德高望重的志开上人被选为栖霞寺住持方丈。志开上人为尽住持义务，遭到"文革"的迫害，游街示众，备受折磨，后来回到老家江苏海安白甸居住，直至圆寂。二十世纪九十年代，志开上人的弟子星云大师回到师父的老家，为志开上人修筑灵塔。

松泉法师（1920—2002），江苏省海安县人，十五岁于江苏东岳禅院依果清和尚披剃，法号常簧，随后在无锡南禅寺受具足戒，并在江南一带各大丛林参学，毕业于南京栖霞山律学院，1951年由南京栖霞山来到香港。松泉法师是《香港佛教》月刊创办人、香港佛教联合会历任董事及顾问，并任香港法雨精舍、英国伯明罕法雨禅寺住持。二十世纪九十年代，松泉法师在他开办的香港佛学书局积极流通佛教经籍，并于英国伯明翰建设了一座庄严道场"法雨禅寺"。松泉法师圆寂于 2002 年 4 月,僧腊 67 年,戒腊 62 年,世寿 83 岁。生前戒行精深,德望崇高。

煮云法师(1919—1986),江苏如皋人。俗姓许,法名实泉,号醒世。1937 年于如皋西场惠民寺依参明和尚披剃,1941 年于南京栖霞山受具足戒。先后入南京栖霞律学院、镇江焦山佛学院、上海楞严专宗学院等佛教学府学习。入台后,历任寿山佛学院教务主任、高雄县灵鹫寺住持、凤山佛教莲社住持等职。1983 年于台中县太平乡创建清凉山护国清凉寺,为台湾最具规模的净土宗道场。1985 年,又于清凉寺创办净土专宗学院,培植弘扬净土宗的专门人才。此外,他还在高雄寿山寺、台东清觉寺、台东佛教莲社等地任导师,又是《人生》《菩提树》杂志的编辑委员,《今日佛教》杂志社社长。煮云法师佛学造诣甚高,著作有《南海普陀山传奇异闻录》《佛教与基督教之比较》《煮云法师讲演集》《金山活佛》《皇帝与和尚》《弘法散记》《佛门异记》《东南亚佛教见闻记》《精进七日记》等多种。

莲航法师(1924—),江苏东台人,俗姓徐。1938 年于东台安丰周家桥西的大悲庵依果根法师出家,1941 年于南京栖霞山受具足戒,先后入栖霞山律学院、焦山佛学院学习。1949 年到台湾,任台湾佛教讲习会教师主任,不遗余力弘承佛教文化,是台湾《佛教青年》《南山杂志》的发行人。先后任台北南山放生寺、高雄栖霞精舍和普济寺住持。

了中法师(1932—)江苏泰县人,九岁出家。1947 于南京古林寺受具足戒,先后入江苏泰县光孝寺佛学院、栖霞山律学院、上海静安寺佛教学院研习佛法。1949 年进入台湾,住汐止弥勒内院,亲近慈航老法师。1961 年入日本东京立正大学学习佛学,1967 年以《竺道生研究》论文获得硕士学位。修完博士课程后返回台湾,先后任太虚佛学院教务主任、法藏佛学院院长。1984 年被选为善导寺董事,1986 年被选为智光高级商工职业学校董事,1987 年被选为善导寺住持。他为推进台湾佛教的各项事业,不遗余力,成绩显著,被公认为是一位学识、修养、才华均非常出众的和尚。

星云大师(1927—),江苏扬州人,十二岁于南京栖霞寺礼志开上人出家，为临济宗第四十八代传人。1945年入栖霞律学院修学佛法，之后应聘为宜兴白塔国民小学校长、《怒涛》月刊主编、南京华藏寺住持等，1949年春，为组织僧侣救护队去到台湾，担任"台湾佛教讲习会"教务主任，主编《人生》杂志。1953年任宜兰念佛会导师，1957年于台北创办佛教文化服务处，1964年建设高雄寿山寺，创办寿山佛学院，1967年于高雄开创佛光山，树立了"以文化弘扬佛法，以教育培养人才，以慈善福利社会，以共修净化人心"的宗旨，致力推动"人间佛教"，树立了佛教现代化的里程碑。

星云大师出家七十余年，于全球创建二百余所寺院，如美国西来寺、澳洲南天寺、非洲南华寺、巴西如来寺等，均为当地第一大寺。此外，创办了十六所佛教学院，美术馆、图书馆等二十四所，五十个"云水书坊"行动图书馆，智光商工、普门中学、均头中小学、均一中小学、多所幼儿园等五十余所中

年轻时的星云大师

华学校，并先后创办美国西来大学、台湾的南华大学、佛光大学、澳洲南天大学及菲律宾光明大学等。

1976年，星云大师创办《佛光学报》，翌年成立"佛光大藏经编修委员会"，重新标点分段，编纂《佛光大藏经》近千册。1988年成立佛光山文教基金会，举办学术会议，出版学术论文集、期刊等。1997年出版《中国佛教经典宝藏精选白话版》一百三十二册、《佛光大辞典》光盘版，设立"佛光卫星电视台"（后更名为"人间卫视"）。2000年，星云大师创办的《人间福报》创刊，成为第一份由佛教界发行的日报。

星云大师著作等身，撰有《释迦牟尼佛传》《佛教丛书》《佛光教科书》《往事百语》《佛光祈愿文》《迷悟之间》《人间万事》《当代人心思潮》《人

143

间佛教当代问题座谈会》《人间佛教系列》《人间佛教语录》《人间佛教论文集》《僧事百讲》《百年佛缘》《贫僧有话要说》《人间佛教·佛陀本怀》等，总计二千余万言，并译成英、德、日、韩、西、葡等二十余种语言，流通世界各地。

星云大师教化弘广，有来自世界各地跟随出家弟子二千余人，全球信众达数百万，传法法子百余人遍及海内外如日本、韩国、香港、新加坡、澳洲等地。1991年成立国际佛光会，被推为世界总会总会长，至今在全球五大洲一百七十余个国家地区成立协会，成为全球华人最大的社团，实践了"佛光普照三千界，法水长流五大洲"的理想。

由于星云大师在文化、教育及关怀全人类等方面的贡献，1978年起先后荣膺世界各大学颁赠荣誉博士学位，是多所大学的名誉教授。

星云大师

星云大师悲愿宏深，缔造无数佛教盛事。1988年11月，被誉为北美洲第一大寺的西来寺落成，并传授"万佛三坛大戒"，是西方国家首度传授三坛大戒。同时主办"世界佛教徒友谊会第十六届大会"，海峡两岸代表同时参加，为两岸佛教首开交流创举。1989年应中国佛教协会之邀，率"弘法探亲团"与当时的国家主席杨尚昆、政协主席李先念在北京人民大会堂会晤，开启两岸佛教交流盛世。

2006年3月，星云大师来到享有"千年学府"之誉的湖南长沙岳麓书院讲说，同年4月，以八大发起人之一的身份，应邀出席在杭州举办的首届"世界佛教论坛"并发表主题演说。2009年，国际佛光会与中国佛教协会、中华文化交流协会、香港佛教联合会主办"第二届世界佛教论坛"，于无锡开幕，台北闭幕，写下两岸四地宗教交流新篇章。

2012 年 9 月，星云大师应"第六届夏季达沃斯世界经济论坛"之邀，主讲"信仰的价值"，为该论坛创办以来，首位发表专题演说的佛教领袖。2010 年起，应邀在中国美术馆及中国国家博物馆举行"星云大师一笔字书法展"，是首位在该馆展出书法作品的出家人。

近年，大师在宜兴复兴祖庭大觉寺，并捐建中国书院博物馆、扬州鉴真图书馆、南京大学佛光楼，成立扬州讲坛、星云文化教育公益基金会等，积极推动文化教育，促进两岸和谐，带动世界和平。

（三）三论宗其他祖庭

1. 绍兴嘉祥寺

前段时间，笔者在一个微信群里看到一位朋友说禅宗六祖惠能的弟子神会大师，是山东菏泽人，不禁失笑，心想这位仁兄恐怕是听多了"荷泽神会"这样的称呼，想当然地以为神会就是菏泽人了。在中国佛教历史上，经常习惯将一位高僧和他长期驻锡的寺庙或者地方的名字连在一起来称呼，比如百丈怀海禅师，怀海是他的名字，因为他后半生常住在江西百丈山，所以被称为百丈怀海。荷泽神会呢，是因为神会大师长期住持洛阳荷泽寺，所以才有此称呼。在三论宗的历史上，创宗祖师吉藏大师也被称为嘉祥吉藏，这就和他长期住持的绍兴嘉祥寺密切相关了。

嘉祥寺位于绍兴城南的秦望山麓，最早创建于东晋宁康元年(373)至太元三年(378)之间。当时，高僧竺道壹从平江(今苏州)的虎丘山来到秦望山下的若耶溪，遇见了当时的另一位高僧帛道猷，两个人一见如故，非常契合，于是纵情尘外，以经籍自娱。当时的会稽(今绍兴)郡守王荟也是一个非常喜爱佛学的人，他对竺道壹的品德风范非常钦慕，所以特地为竺道壹建了这座嘉祥寺，请他在此住持弘法。竺道壹精研佛理，博通内外，而且戒律严格，所以当时四面八方的僧人都因为仰慕他而来到嘉祥寺学习。那个时候，佛教的般若学非常兴盛，形成了"六家七宗"这样的许多派别，而竺道壹就是当时其中之一"幻化宗"的代表人物。这是嘉祥寺第一次在历史上崭露头角。

从竺道壹之后，大约有五百年的时间里，嘉祥寺可谓是地灵人杰，高僧相继，大师纷至，佛法兴隆，佛学鼎盛。

东晋义熙(405—418)年间，高僧慧虔从庐山东来，游学于吴越之间，最后定居在嘉祥寺。史书记载他"克己导物，苦身率众，凡诸新经，皆书写讲说"，是一位在个人修行、佛学研究和弘法度众等方面都非常出色的大师。

南朝宋明帝时(465—471)，长安有一位高僧昙机，他精研《法华》、毗昙，在当时很有名气。昙机后来游学到绍兴一带，当时的郡守王琨听闻他的大名，就礼请来住持嘉祥寺。

南朝梁(503—557)时，著名的佛教史家高僧慧皎住持嘉祥寺三十余年。慧皎每年在春夏的时候给僧众们讲经说法，秋冬的时候就闭关著书立说。他最大的贡献是综合了前人有关高僧的传记，创造性地加以分类和编辑，写成了《高僧传》十四卷。《高僧传》是中国佛教史上第一部系统的僧传，也是后世僧传编著的范本。它与唐朝释道宣的《续高僧传》、宋朝释赞宁的《宋高僧传》、明朝释如惺的《明高僧传》并称为"四朝高僧传"，后三者的体例和结构都是参照慧皎《高僧传》的模式。

到了隋唐之际，嘉祥寺因为吉藏大师的到来，迎来了历史上最辉煌的时刻。

隋朝平定江浙一带后，吉藏就来到了绍兴嘉祥寺，他在这里弘传佛法，跟随他学习的弟子最多的时候有 1000 多人。由于吉藏先后完成了《中论》《百论》《十二门论》的章疏，成为三论学的集大成者，被视作三论宗的实际创始人，而后来人们就以他所住持的寺庙名称称呼他为嘉祥大师，三论宗也因此称为嘉祥宗。嘉祥寺作为吉藏大师早期弘扬三论的道场，也成了三论宗的祖庭之一。

吉藏之后的嘉祥寺，比较有名的是唐代的净土宗高僧少康（？－805），少康年纪很小的时候就出家了，后来在嘉祥寺学习戒律受具足戒，在嘉祥寺学习了五年多的时间后，才移居上元龙兴寺。少康一生致力于弘传净土法门，被当时的人称为"后善导"，后世净土宗人尊奉他为净土宗第五祖。

清刻本《中论序》

少康之后，有一位僧人允文，在唐开成元年（836）来到了嘉祥寺。允文精研义理，对于中观学非常精通，当时跟随他学习的僧侣有上千人。嘉祥寺也因此走上了寺院历史上的最后一个小高潮。很快，在会昌五年（845），佛教史上著名的"会昌法难"发生了，唐武宗下令废除天下寺院，绍兴地区只留下一座大善寺（当时称为开元寺），允文也移居到了大善寺。嘉祥寺就在这时被毁，从此以后再没有被复兴过，"嘉祥寺"的名字也从此在中国佛教史上渐渐被人遗忘。

近年来，随着浙江省对文化遗产保护与开发的重视，"浙东唐诗之路"这个名称不断地出现在学者和老百姓的讨论之中，绍兴市新昌县还成立了"浙东唐诗之路申报世界文化遗产领导小组"，积极推进"浙东唐诗之路"的申遗工作。同时"浙东唐诗之路·绍兴会稽秦望山佛教文化旅游区"的建设也逐渐被提上日程，其中被规划在内的几大景点，除了书法圣地——云门古寺、若耶诗溪、会稽湖风景区、秦始皇曾登临过的秦望山、会稽刻石（李斯碑）、云门山、王献之故居、智永和尚退笔冢等，还有沉寂已久的中国三论宗祖庭嘉祥寺。

虽然嘉祥寺离恢复宗教意义上的佛教寺院，还有很长的路要走，但是我们相信在当地政府、佛教僧众和社会各界的共同发心努力下，这座被遗忘千年的古寺一定会重新绽放出奇光异彩，为中国佛教的发展增添一笔精彩！

2. 武威鸠摩罗什寺

鸠摩罗什寺位于甘肃省武威市凉州区，始建于东晋后凉时期（386—403），是中国佛经翻译家、三论宗中土初祖鸠摩罗什进入关中内地前曾经驻锡过十七年的地方，因此被尊为三论宗的祖庭。鸠摩罗什寺建成至今已有一千六百多年，历史上虽然屡次遭遇天灾人祸，但鸠摩罗什寺塔依旧屹立不倒，寺院名一直沿用至今从未改过，这在佛教历史上是非常稀有的。

东晋太元八年（383），吕光率军打败龟兹，带着西域高僧鸠摩罗什返回长安，因为中途听到秦王苻坚被杀的消息，于是他便在凉州（今武威）驻兵割据，建立了后凉政权，鸠摩罗什也因此在凉州停留了十七年之久。

姚秦取代苻秦以后，姚秦国主姚苌对寓居在凉州的鸠摩罗什非常关心，他曾向后凉致国书，邀请鸠摩罗什前往长安弘法，但后凉吕氏王室担心鸠摩罗什的智慧被敌国所用，一直没有同意。为了安置鸠摩罗什也同时限制他东去的自由，吕光修建了一座精舍供他居住，这就是鸠摩罗什寺的前身。吕氏王族每每遇到一些奇异现象和一些军国大事，就前去咨询鸠摩罗什。姚秦建初九年（394），姚苌去世，其子姚兴即位。姚兴于即位当年就再次致国书给后凉，要求放行鸠摩罗什前来长安，但被后凉拒绝，于是姚兴萌发了起兵夺取之心。

后秦弘始三年（401），姚兴趁后凉王室手足相残、国内大饥和疆土分裂的机会，派陇西公姚硕德率大军西征后凉。当年九月，后凉国主吕隆答应举国降秦，并保证鸠摩罗什的安全。初冬时，姚硕德护送鸠摩罗什离开凉州，于十二月二十日抵达长安。

鸠摩罗什圆寂后，后秦弘始十五年（413），从长安西返的高僧佛陀耶舍到达凉州，向北凉王室宣扬了鸠摩罗什舌舍利的传奇，北凉于是就向后秦致国书讨取鸠摩罗什舌舍利，但是没有成功。永和元年（416），后秦国内纷乱，译场星散，北凉王沮渠蒙逊再次致书讨要鸠摩罗什舌舍利，后秦末主为了防止北凉从后背袭击，于是答应将舍利西迁凉州，凉秦和好。据说沮渠蒙逊从长安迎请到鸠摩罗什的舍利之后，在鸠摩罗什精舍的旧址上造了一座宝塔供奉，同时修建了鸠摩罗什寺。

传说唐朝贞观四年(633)，大将军尉迟敬德统兵远征西域，行军至武威地界时，他忽然看到城内一座古塔顶上放射金光，宛如千佛降世。他相信这一奇观是一种神示，于是就前往礼拜。尉迟敬德见到鸠摩罗什寺塔，遥想当年鸠摩罗什大师的功德，他心中大生敬仰。当时鸠摩罗什寺已经被毁坏，只留下一座寺塔，于是尉迟敬德就拨下饷银，召集能工巧匠，并且亲自监工，经过一年多的时间，重新建设了塔寺。

盛唐时期，地处凉州闹市区的鸠摩罗什寺成为往返丝绸之路的西域使节、各国僧侣荟萃交流的地方，对中西方宗教文化和思想交流做出了巨大贡献。到了唐末、宋、元年间，因为汉族和西域少数民族频繁的战乱，凉州在很长时间里与汉文化隔绝，异教徒频频侵袭。唐代开元末年的安史之乱后，凉州被吐蕃长期占据。宋朝时忽必烈将凉州划拨到高昌地界作为牧场。至此，凉州地界上从魏晋以来的所有遗迹，如鸠摩罗什寺、灵钧台等这些昔日被诗人王维、岑参咏歌颂赞的地方，都已失去了早期的历史面目。

明朝开国初年，社会逐渐稳定，经济有所发展，凉州城内的庙宇楼阁开始进行恢复性修缮，但鸠摩罗什寺因为已经被毁为一片瓦砾之地，所以一直没有进入修缮范围。明朝永乐元年(1402)，有一个在张掖从军的鄱阳军夫石洪，客居凉州。他发现罗什寺废墟"寺堂基址，瓦砾堆阜，榛莽荒秽丘不存"，心生悲凉，萌生了要在废墟上建一幢房屋的想法，并择定吉日，破土动工，工匠们在地下挖出一块银牌，上面清楚地写着"罗什寺"三个大字。石洪到这时才知道原来这里就是姚秦时代为三藏法师鸠摩罗什建造的鸠摩罗什寺的旧址，他大感意外，于是他决定重新修缮鸠摩罗什寺。明永乐二年秋(1403)八月，鸠摩罗什寺重建正式动工，到年底就完成了正殿的修建，第二年完成全部修复工程，雕塑彩绘，一应俱全。明永乐十三(1414)年末，又修复了观音殿和罗汉殿。

武威鸠摩罗什寺塔

明朝后期，鸠摩罗什寺被朝廷钦定为陕西凉州大寺院。明英宗正统十年(1445)二月十五日，朝廷为鸠摩罗什寺颁发《大藏经》，并下了**圣谕**，圣谕中说："刊印大藏经，颁赐天下，用广流传，兹以一藏，安置陕西凉州大寺院，永允供养。"这道圣谕现在还完整地保存在武威市博物馆。

清朝康熙二十八年(1689)，鸠摩罗什寺又有过一次大型的修缮，这是明永乐元年以后又一次比较大的修复工程，据《重修罗什寺碑记》记载，经过这次重修的鸠摩罗什寺"前后三院，焕然一新，乃五凉之福地，壮丽改观，诚河西之胜地也。"

1927年4月23日，武威发生7.7级大地震，凉州的许多名胜古迹被毁坏殆尽，城内的鸠摩罗什寺、大云寺、清应寺等无一幸免，全被毁为一片瓦砾。大云寺塔、清应寺塔均被摇倒，只有鸠摩罗什寺塔还残存半截。到了1934年，武威国民政府在原址上重修了鸠摩罗什寺塔，才使历史古迹得以保存。

1938年，罗什寺宅地被武威第四中学占用，拆除了残存的佛像。1956年，寺院旧址成为武威市公安局、检察院、法院的办公场所。

改革开放以来，鸠摩罗什寺引起海内外社会各界人士的广泛关注。从1995年开始，先后有不少海内外团体慕名前来考察武威鸠摩罗什寺。香港宝林禅寺方丈及北京、上海、天津、福建、广东、江苏、浙江、陕西等地的僧俗考察团，台湾地区的圆光佛学院，以及新加坡、日本、韩国、澳门、美国、泰国、缅甸等国内外佛教团体和个人都纷纷前来参访朝拜。特别是1998 年 4 月，中国佛学院"丝绸之路考察朝拜团"，由全国二十九个省、市、自治区的三十四名法师来武朝拜鸠摩罗什寺，在国内外产生了很大反响。

1998 年，武威市人民政府根据武威市佛教协会的请求，批准修复鸠摩罗什寺。同年，经甘肃省宗教局批准，成立了鸠摩罗什寺筹建处，鸠摩罗什寺正式开放为佛教活动场所。修复鸠摩罗什寺工程于 2001 年 7 月 1 日正式全面启动，千年古刹终于重放异彩。这一次修复建设后，鸠摩罗什寺现在的主要建筑有：山门、大雄宝殿、藏经楼、多功能般若讲堂、鸠摩罗什祖师纪念堂、鸠摩罗什佛学院、鸠摩罗什佛教文化研究所、鸠摩罗什三藏院、关房、念佛堂、佛教教育视听图书馆、佛教书画院、佛教博物馆、佛教慈济中心等。

2013 年 6 月 9 日，甘肃武威千年古刹鸠摩罗什寺举行了舍利塔的修复开光仪式。这是距今 1600 多年的鸠摩罗什舍舍利塔第五次大规模修缮。晴日薄暮，清风徐来，舍利塔八角的风铃叮咚作响，久久回荡在辽远的古丝绸之路，仿佛诉说着那传奇而古老的历史……

3. 西安鸠摩罗什寺

在民间有许多的街道、地名，都会用名人的名字来命名，在陕西户县城南三公里处，就有这样一座以后秦高僧鸠摩罗什大师命名的"鸠摩罗什寺"。周边地区历代以鸠摩罗什为行政区名的有罗什乡、罗什里、罗什堡等，都是后世为了纪念鸠摩罗什这位三论宗中土初祖、中国佛教史上的璀璨明星而命名的。

西安鸠摩罗什寺是一座有着悠久历史和深厚文化底蕴的古刹，历经千年，几度兴衰流传至今。据《高僧传》记载：东晋时，前秦苻坚闻西域高僧鸠摩罗什圣名，即遣使往龟兹国求之，并下旨拨材择地建寺，遍访华夏神洲至逍遥园，但见逍遥宫后，珍木数株，圣奇异常即定址于此，遂建寺名为鸠摩罗什寺。符坚之后，姚苌、姚兴相继建寺，至弘始元年建成，据《晋书》《高僧传》《长安志》等记载：建有澄玄堂、东明阁、译经场、写经堂、整经楼、讲经堂等。又据清康熙年间《户县志》载：东晋姚秦之前，寺内总面积达三千余亩。可见鸠摩罗什寺在历史上的宏大规模。据说，"文革"以前，鸠摩罗什寺尚有坐北朝南的三殿三间，大雄宝殿位于其中，山门面朝终南山脉，"文革"破四旧时寺院被罗什堡村征做学校使用，后来前殿被村内建成电站。寺内现在还保存有唐代的脊吻和直径一米的莲花石础，无言地讲述着鸠摩罗什寺曾经的辉煌。

我们现在能看到的鸠摩罗什寺，位于陕西省西安市户县南余下镇罗什堡村，寺院坐南朝北，山门两侧的墙上分别书写着"译传三藏"、"真空妙有"八个大字，简短明确地概括了鸠摩罗什的丰功伟绩。"译传"是翻译传播的意思。三藏的意思有两个：一个是指所有佛典，佛教经典分为经、律、论三大部分，三藏即是经、律、论的统称；另一个意思是指高僧大德。佛教一般将精通经、律、论的高僧称为三藏法师，如鸠摩罗什、玄奘、不空等历史上的高僧都被称为三藏法师，这是一个极为崇高的荣誉。鸠摩罗什传译而且精通三藏经典，所以他是当之无愧的三藏法师。鸠摩罗什寺书写"译传三藏"是对他为佛教所做的巨大贡献准确而又崇高的赞誉。那么"真空妙有"又是什么意思呢？

真空妙有是佛教的一个哲学用语，佛教认为世界上的一切事物的本性是"真空"，即非"空"亦非"有"，既非"非空"，亦非"非有"。由此认识宇宙的万物都是从"真空"显现出来的"妙有"。"妙有"是显现，"真空"是本性。这个看似简短的术语，它的影响却极为深远。中国人接触佛教并为佛教思想所吸引，是从般若思想开始的，而般若思想的传译是从鸠摩罗什开始的。缘起性空，真空妙有，是大乘佛教的思想精华，鸠摩罗什用自己的才华把这种思想成功地传播到中国，使中国佛教的面貌发生了根本性的转变，为佛教的中国化奠定了基础。

进入山门，大门门楼上写着"教泽东土"，左右各书"三论"、"传经"。三论宗以《中论》《百论》《十二门论》立宗，门楼上的这些题字既彰显了鸠摩罗什翻译佛典将佛教东传的功绩，也说明了该寺作为三论宗祖庭的历史地位。

鸠摩罗什寺的庭院是以天王殿为中轴的四合院结构，精致典雅，肃穆而古朴，具有典型的关中建筑风格。进入山门后，映入眼帘的第一座大殿就是天王殿，青砖铺就的建筑简洁明了，显得格外庄严肃穆。天王殿的左侧是新建的文书房。天王殿内像一般传统寺院的格局一样，供奉着弥勒菩萨、韦驮护法和四大金刚。从天王殿穿过，就来到了寺院的第二座大殿大雄宝殿。

肃穆的大雄宝殿前竖立着两块 2001 年由长安石佛寺住持沙门世荣撰文、陕西鸠摩罗什寺住持沙门世空立石的石碑。石碑两面的内容分别为：三论宗祖庭、重考晋长安鸠摩罗什寺碑记、重考晋长安鸠摩罗什法师碑记以及晋逍遥园鸠摩罗什寺译经布局图。大雄宝殿内供奉的是释迦牟尼佛以及弟子摩诃迦叶和阿难，大殿两壁悬挂着装饰精美的释迦牟尼佛一生成佛弘法的历程图。

大雄宝殿右侧坐落着祖师殿，殿内供奉着鸠摩罗什的铜坐像和鸠摩罗什随母出家图。祖师殿旁边是三间斋堂。

寺院内的侧墙处摆放着一列石碑，首排第一的是一座古碑，字迹已斑驳不清，难以从碑文上看出是哪个朝代所立。其他排列整齐的十三座石碑碑文按顺序为：

晋逍遥园鸠摩罗什寺净土树碑记

楚洲淮扬 ***（此处断裂）碑

金礼部尚书赵秉文诗碑

宋淮南中寺释云无成大师传记

晋长安释僧照大师传略

晋长安释道恒大师传记

晋长安释僧睿大师传记

晋长安云影大师传记

晋彭城郡释道融大师传记

晋长安大寺释僧□传记

京师道场寺佛驮中跋佗罗大师传略

晋长安佛佗耶舍大师传略

晋寿春石涧寺卑摩罗大师传记

在寺院的一个角落，有一块石碑，上面写着"净土树"三个大字，石碑后面有一棵树即为净土树。关于这棵净土树，历史上有过记载，民间也有许多传说。据楚洲娑罗树碑载："苻坚迹根杠净土，故名净土树。"明《一统志》记载："鸠摩罗什龟兹(今新疆库车)禅师也，应姚秦诏，朝我中国，路经于此，因涉水倾履中土于地，遂生异木二株，其木四季褪皮，叶类于掌，春华秋实，实内似土，故名'净土树'，今荫七株为验。"清雍正七年(1729)，县学训导傅龙标有诗云："芒鞋带得一枝春，罗什东来迹有因。无事移根葱岭外，自然挺秀白云津。历来海内无多本，七易原身仍一真。树以土名总是净，禅家妙谛此中寻。"清王宽亦有净土树诗："净土标奇迹，攀枝仰大贤。七株双凤立，万古一灯传。树老犹留晋，僧高可证禅。道心真不朽，长此住金天。"

据1933年户县县志记载："今考此树唯存四株，一大三小，然树旁萌蘖而生者尚多。"参天的净土树十分粗壮，几人也无法围抱，当时还拍有照片。民国后期，此树逐渐枯死，人们深感惋惜，只好在此处立碑志之。

世空老禅师重建鸠摩罗什寺后，在寺内植树种菜，不经意中，枯树周围竟然生出了新芽！人们于是将原先的枯树移走，小心呵护，净土树长势很好，两三年间，已经窜到三米多高！可惜在近年来，净土树又成枯枝，着实令人遗憾。

户县鸠摩罗什寺

4. 实际寺

在笔者就读的西北大学，每年新学期伊始，老生们总要对新来的师弟师妹们介绍校园内的各处"名胜"，其中必然要提到的就是"唐实际寺遗址纪念亭"。点评者们一般会介绍道："这是一座唐代的寺庙遗址，现在有座纪念亭。"然而大多数学子们并不知道，这小小的一方亭子背后，曾经是一座非常辉煌的三论宗祖庭——实际寺。

很多同学记住实际寺，是因为"实际"两个字叫着特别顺口，其实，实际寺的"实际"一词是一个佛教用语，它与法性、实相、真如等概念的含义基本相同，指的是唯一绝对的、不变的本性，并不是我们通常所理解的"实际"的意思。

实际寺在唐代是长安城中最著名的寺院之一，位于太平坊之中。太平坊因为北面毗邻皇城西南角，东北抵皇城含光门，地理位置优越，是名副其实的天子脚下。为了探求实际寺的真面目，西北大学于1993年组成以戴彤心教授为队长的西北大学校园考古队，对太平坊及实际寺遗址进行了钻探与发掘，通过发掘与文献相印证，大体上搞清了实际寺的范围。

实际寺遗址发掘完毕后，日本佛教大学曾通过西北大学国际文化交流学院给学校捐赠了一百万日元，希望能在实际寺的遗址之上修建一座"唐实际寺纪念亭"，后来，西北大学在日方捐赠的基础上又筹集资金，在当年发掘实际寺的工地上，修建了"唐实际寺遗址纪念亭"，由国学名家启功先生题额，纪念这座在海内外享有盛誉的唐代名刹，同时也将中日共同集资建亭一事刻碑立于亭中。

坐落于西北大学内的唐实际寺纪念亭

为什么日本佛教界人士对实际寺如此重视呢？因为实际寺在历史上不仅是享誉长安、闻名国内的佛寺，在国际上也大有名声，尤其在日本佛教界拥有很高的知名度。这一切还要从实际寺的历史说起。

实际寺最早创立于一千四百多年前的隋代，是隋太保上柱国薛国公长孙览的妻子郑氏舍宅而立的。隋炀帝时，实际寺就已经名声在外。

唐武德元年(618)，高祖李渊在长安选拔十大德，以统领僧众，三论宗的创始人吉藏大师就在这十人之列。他被礼请到实际、定水二寺，主持寺务。吉藏在实际寺内，讲经收徒，三论宗由此得到大力弘扬。吉藏的三论学由他的弟子慧灌在公元 625 年传到了日本，当时的日本佛教尚未形成宗派，慧灌传习的三论宗很快便在日本传播开来，很有影响，实际寺也因此在日本名声大振。

到了唐高宗永徽年间，此时的实际寺来了一位高僧善导大师，他是佛教净土宗的实际创始人。善导在实际寺深研教义广为弘扬净土法门。善导之后，他的弟子们继续在实际寺弘传净土宗。与此同时，善导的著作陆续被传至日本，影响逐渐扩大，后来经过日本净土宗开山祖师法然的弘扬，使净土宗在日本不仅得到了朝廷和众多公卿、武士的支持，而且还被广大庶民所信仰，这便是实际寺对日本的第二次深刻影响。

实际寺对日本的第三次影响，是由鉴真和尚实现的。鉴真是唐朝僧人，他为了到日本弘法，在十一年间六次东渡，经历了五次惨痛的失败，并在第五次东渡失败后双目失明。尽管如此，这位意志力超人的高僧仍然没有放弃东渡，在第六次，也就是他六十六岁高龄时终于东渡成功，在奈良广收弟子、讲律传戒，并将大唐的建筑、书法、中医等

日本高野山大学静慈圆教授赠西北大学佛教研究所"善导实际"

文化传播到日本，为中日文化交流做出了卓越的贡献。而这位对日本影响颇深的高僧鉴真，在二十岁时便来到了都城长安，在实际寺受了具足戒成为正式的比丘。随后，鉴真在实际寺学习了一年多时间才离开，实际寺是鉴真比丘生涯的开始。

经过这以上这三个重要的历史事件，实际寺可以说在日本的佛教史中留下了重要的一笔，这也是为什么实际寺遗址的发现受到日本佛教界如此重视的原因了。

后来在唐中宗景龙元年(707)，中宗的儿子李重茂为温王时，改实际寺为温国寺。武宗灭佛时，温国寺也被毁，武宗死后，恢复建设后的温国寺曾经改名为崇圣寺。后来在唐末的战乱中实际寺与唐长安城一起被毁，地

面建筑从此荡然无存。实际寺曾经的辉煌也从此被掩盖在历史的尘埃里，不再为人所知。直到一千多年后的1993年，西北大学的考古专家们发掘了实际寺的一小部分，并将有关实际寺的研究成果编撰成册，实际寺这才又重新回到了人们的视野之中。

实际寺遗址上出土的文物主要有：石刻佛头、残飞天像、石菩萨头像、汉白玉供养人像、石塔幢、汉白玉残佛足、铜菩萨像、铜文殊菩萨、善业泥佛像以及大量的陶瓷器和砖、瓦、瓦当等建筑材料。这些出土的文物都被收藏在西北大学博物馆中。目前，由西北大学佛教研究所所长李利安教授发起的成立"实际寺祖庭博物馆"计划，正在积极进行中。

实际寺作为一个佛教寺院，虽然在今天已经不复存在了，但是它在佛教历史上的巨大影响是无法忽视的，它对三论宗发展的贡献也是不可取代的。直到今天，实际寺仍然吸引着海内外的佛教界人士前来参观巡礼，实际寺作为中国佛教对外交流的一个重要窗口，在未来还将会继续发挥它的重要作用。

六、三论宗的祖庭现状

随着时代的进步、科技的昌明、经济的发展，中国佛教也与社会同步迎来了前所未有的大好形势。改革开放以来，在党的宗教政策指引下，中国佛教呈现出欣欣向荣的景象，三论宗的祖庭也迎来了发展的大好机遇。部分祖庭基本上恢复或完成了建筑格局，并且逐渐将寺院的工作重心转移到了佛教文化建设上来，昔日的祖庭，不断焕发出新的时代风采。

（一）草堂寺

草堂寺近年来在方丈谛性法师的主持下，寺庙不断翻新变化，千年古刹不断变换新颜。草堂寺以其悠远的祖庭文化历史、深厚的佛教文化底蕴、清雅的寺庙建筑环境，深受社会各界人士的关注与向往。每年都有大批海内外社会各界人士前往朝拜参访、交流学习、旅游观光、净化心灵。

草堂寺山门

1. 草堂风光

笔者第一次来到草堂寺还是在读大学的时候，那是一个夏末秋初的午后，游客不多，寺院内非常清静。一进入山门，只见寺内苍松翠竹花草满园，令人心旷神怡，犹如来到佛国净土，生出无限的清静、欢喜。

草堂寺坐北向南，高大的山门正中门楣上镶嵌着"草堂寺"三个大字，是前中国佛教协会会长、全国政协副主席、著名书法家赵朴初老先生所提。一般佛寺的大门大多分为三间，正中为"空门"、两旁为"无相门"、"无作门"，所以又叫"三门"，而寺院多居山林之处，所以又叫做"山门"。有趣的是，有的佛寺大门即便只有一门，也叫做"三门"，其原因就在于其中的宗教寓意，三门乃是僧俗的分界。

进入寺门，看到的第一个大殿就是天王殿。天王殿又称为弥勒殿、韦陀殿，是一般传统寺院进山门后中轴线上的第一殿。草堂寺的天王殿建于1992年，正中供奉高1.6米的香樟木雕半跏趺金身弥勒菩萨像。弥勒，意译为"慈氏"，佛教认为弥勒菩萨现在居住在兜率天宫，将在五十六亿年后降临我们所处的娑婆世界，在龙华树下三转法轮，度尽有缘之人，这就是所谓的龙华三会，弥勒菩萨因此也被称为未来佛。他和观音菩萨、地藏菩萨、文殊菩萨、普贤菩萨并称为五大菩萨。他的塑像一般都是半卧半坐，开口大笑，憨态可掬，慈祥亲和。

在弥勒菩萨身边侍立的是佛教非常著名的四大天王，分别是：善于护持国土的东方持国天王，能增长众生善根的南方增长天王，常以净天眼观察众生的西方广目天王，护持道场并乐于闻法的北方多闻天王。天王殿里的四大天王，每尊像高3.2米，泥塑彩绘，金刚怒目，巡视世间善恶功过，并护持着寺院这块净土。

天王殿后壁是韦陀像，高1.8米，香樟木雕立姿金身，武士装束，手持降魔杵，面向大雄宝殿。据说，在释迦牟尼佛进入涅槃时，邪魔把佛的遗骨抢走，韦陀及时追赶，奋力夺回，因此佛教便把他作为驱除邪魔、保护佛法的天神。一般我们在佛寺里面看到的韦陀塑像有三种形式，关于这三种形式的解释有一种说法非常流行：韦陀双手合十，降魔杵横在胸前，这表示合十欢迎外来的僧人在这个寺院挂单，这是十方丛林寺庙标志之一；手中的降魔杵触地而立，降魔杵触地是暗示这个寺院资金雄厚犹如大地，能够承受外来僧人在这个寺院挂单常住，也是十方丛林；降魔杵扛于肩上，表示此寺为子孙寺庙，不接受外来的僧人在这个寺院挂单常住。这种说法虽然流传很广，但实际情况并非如此。

草堂寺天王殿两侧各有一个门，进门后左右两边就是钟鼓楼。草堂寺的钟鼓楼是2000年重建的，两楼底都是正方形，宽7.5米，高11米多。木料砖混结构，方形四穹顶，重檐三滴水，攒尖顶，十分雄伟。鼓楼在西，上面有一面直径达1.8米的大鼓，钟楼在东，上面挂有一口1998年铸造的大铁钟。佛教僧团，以钟鼓声作为一天行住坐卧的号令，早上先敲钟再敲鼓，僧众听到钟鼓声后起床开始一天的修行，晚上先敲鼓再敲钟，僧众听到后结束一天的劳作，开始休息。这就是我们常说的"晨钟暮鼓"。

在草堂寺的钟楼下面放置着一口明代万历十九年(1591)铸造的大铁钟，重5吨，高2.5米，口径2.2米。顶部吊环周围有六个大圆孔，钟身铸有阳文五十八个村名及施主姓名，分四圈共十二块，钟脚一圈饰有龙、凤、狮子及八卦等精美纹饰。这口明代巨钟有一个奇怪的名字，叫做"挂不起来"。关于它的来由，当地有一段传说，当年为了铸这个钟，草堂寺的僧人外出化缘，老百姓有的施铁，有的施钱，非常积极。但是有一家妇人什么都不布施，寺僧如何点化都没用，最后她不耐烦地说："我家就是没有铁；要孩子倒有一个，你要的话就把他领去吧。"僧人听了后没再说话，默默地转身走了。后来，钟铸成了后，挂起来一敲，那个声音非常尖厉凄凉，像孩子哭喊爹娘一样，僧人们不愿人们听到这像孩子哭声一样的钟声，于是就把钟落了下来，放在一间房里，谁也不再敲。当然这只是一个民间传说，可能是因为当时的铸造技术不够好，导致铸造出来的大钟音质不好，所以才被废弃不用的。

在草堂寺大雄宝殿前的两侧分别有两个亭房，一个是僧肇堂，一个是圭峰定慧禅师碑亭。僧肇堂里面保存了一块"大智圆正圣僧禅师僧肇碑"。这块碑立于清雍正十二年(1734)，高2.5米，宽0.7米，正文楷书，满行57字。1979年碑身裂为8截，修复后缺字甚多。碑文里记述了雍正皇帝敕封僧肇为"大智圆正圣僧"、敕寺名为"圣恩寺"、敕寺院大殿为"大智宝殿"以及陕西督抚遵照圣旨在草堂寺致祭的情况。僧肇是鸠摩罗什最得意的弟子，也是鸠摩罗什译场中最有影响力的人物，被誉为"中华解空第一人"。僧肇天才非凡，精通老庄玄学，后来出家学习佛法，兼通三藏，精于谈论，他所写的四篇论文，被合称为《肇论》，在佛教史上具有非常重要的地位。

圭峰定慧禅师碑亭内矗立着的是《唐故圭峰定慧禅师碑》。唐代晚期，高僧宗密主持草堂寺，宗密跟随华严宗的澄观大师阐扬华严宗义，被称为"华严五祖"，所以草堂寺又是华严宗的祖庭。唐文宗曾多次召宗密到内殿问法，朝臣士庶，归崇的人很多，宗密去世后，被封为定慧禅师。此碑内容便是记述了宗密大师的生平和贡献。此碑碑首是唐代著名书法家柳公权篆额，碑文为裴休书写，书法秀丽，语句流畅，世所罕见，是难得的唐碑精品。

大雄宝殿位于草堂寺整体布局的中轴线上，远看飞檐重壁，气势宏大，殿额为赵朴初所书。"大雄"是对佛的道德法力的尊称，指佛有大力，能伏一切邪魔。大殿中供的是横三世佛。横三世是相对空间而言，即从空间上分为中、东、西三个不同世界。大殿中间的是我们所在娑婆世界的教主释迦牟尼佛，两旁分别为西方极乐世界的教主阿弥陀佛、东方琉璃世界的教主药师佛。释迦牟尼是佛教的创始人，在佛教所说的种种佛中，只有释迦牟尼是一个真实的历史人物。据记载，释迦牟尼姓乔达摩，名悉达多，释迦牟尼是后人对他的尊称，意思是"释迦族的圣人"。相传他是公元前6世纪后期古印度迦毗罗卫国(今尼泊尔境内)净饭王的儿子。二十九岁时舍弃王子身份和贵族生活，走上了出家的道路，历尽艰辛，最终成佛。成佛后一直在印度北部和中部恒河流域一带传教，组织僧团。八十岁时，在拘尸那迦城的娑罗树下去世。

释迦牟尼佛两侧分别侍立的是摩诃迦叶和阿难陀。摩诃迦叶表情老成持重，憨实敦厚。相传，释迦牟尼在世时的弟子共有五百人，其中最著名的有十人，摩诃迦叶和阿难陀便是其中两人。梵语"摩诃"是"大"的意思，所以摩诃迦叶又称为大迦叶。传说他是佛教第一次结集的召集人。他在十大弟子中，年纪最长，常修头陀行，被称为"头陀第一"。（"头陀"是古印度一种宗教修行方式，修行者必须行脚、乞食、露宿，不能穿好衣、食美味。因此，头陀行者一般被称为苦行僧。）阿难陀又叫阿难，意为喜庆，是释迦牟尼的堂弟。阿难在释迦十大弟子中是最年轻的，他侍从释迦二十五年，与释迦形影相随，基本上参与了释迦后半生所有的传教活动，并长于记忆，被称为"多闻第一"。传说佛教第一次结集时，就是由他诵出经文，从而使佛教经典得以保存流传。

大殿西侧为西方极乐世界的教主阿弥陀佛，手持莲花台，作接引众生到极乐世界之状，是佛教所说的西方极乐世界的教主。根据佛经介绍，西方极乐世界里黄金铺地，房屋、树木、道路、河池都是用珠宝做成的，住在那里的人没有任何痛苦和烦恼。因此往生西方极乐世界成为许多佛教徒修行的目标。大殿东侧手持宝塔的是东方琉璃世界的药师琉璃光如来，即药师佛。佛教宣称，人们只要信仰东方药师佛，就可免除各种灾难。大殿东西两厢的供台上，各塑有九尊罗汉像。罗汉，全称为"阿罗汉"，是小乘佛教认为修行所能达到的最高境界。据说修到罗汉的境界，就已断绝三界烦恼，得以解脱生死轮回而至涅槃。

大雄宝殿中三世佛背后是一面高大壁塑，上面有善财童子五十三参的故事。许多著名大庙的大雄宝殿后壁，都有海岛观音群塑，表现的是佛教故事"善财童子五十三参"。这是佛寺中最热闹的一组群像。群塑中央是观音菩萨的塑像，她手执净瓶，倾倒"法水"，仿佛正在普救众生。观音脚踏鳌鱼，传说在人间地下有一只鳌鱼，它一动，就会天翻地覆，所以观音将其镇住，使人间得以太平。观音的左右各站着一个童男、一个童女，童男是善财童子，童女是龙女，他们是观音菩萨的左右胁侍。

善财童子，简称善财。据佛经说，善财出生时，各种珍宝从屋内地下突然涌出，他的父亲请了个算命先生给新生儿相面，这个相士便给他起了个名字叫"善财"。善财出生时虽然有无数财宝白白送来，但他却看破红尘，

165

天生不爱财，视金钱如粪土，认定万物皆空，发誓要修行成佛。

善财先向文殊菩萨请教佛法。文殊对他说："你到南方的可乐国去找功德云和尚，他会告诉你。"善财便去找功德云，功德云说："你到海门国去找善住和尚吧！"善财跋山涉水找到善住和尚，善住又打发他找弥伽长者……就这样，善财一共参拜了比丘、长者、菩萨、婆罗门、仙人等五十三位名师，历尽了千辛万苦，用一颗赤诚之心和不折不挠的行动经受了考验，最后遇到了普贤菩萨，实现了成佛的愿望。

群塑中塑有数十个穿红兜肚的小孩(即善财)合掌参拜时的情景，海岛下部还有渡船和儿童，这是善财去参拜观音时(第二十七参)，观音为了试探善财是否有诚意，变化作船夫，掀起大风浪，劝他回头。但善财丝毫不畏惧，终于成了观音的胁侍。

民间对善财的来历不是很了解，便望文生义，以为他是善于理财、能招财的神，于是将他视为"招财童子"，不少妇女更是虔诚祈祷，求其投胎而得贵子。看破红尘的善财却成了招财进宝的工具，恐怕是他当年苦修苦练时始料不及的吧！

大雄宝殿后面就是草堂寺现存最古老的一座殿堂，大悲殿。大悲殿修建于清乾隆年间，因为门额上曾经悬挂1947年兴善寺方丈妙括法师提写的"逍遥三藏"大匾一块，所以又称为逍遥三藏殿。大悲殿是草堂寺中轴线上的第三座殿堂，二十世纪后期翻修并供奉观音，所以也称为观音殿。现在殿内中央供奉着一尊铜雕金身千手千眼十一面观音像，高近4米，颈上共有十一面：一嗔面，化恶有情；二慈面，化善有情；三寂静面，化导出世净土；三面教化三界便有九面；九面之上为暴笑面，揭示教化三界需极大威严和无懈之力方能成就；最上为佛面，表示一切皆为成佛之方便。千手表示遍护众生，千眼则表示遍观世间。殿内四周环绕供奉着脱纱金身观音三十二应身像，分别为观音菩萨现身人间救苦救难时的不同应身像。

大悲殿之后就是法堂了。法堂是草堂寺中轴线上的第四座殿堂，也是寺院中按照宗教仪规说法、传法的重要场所，所以法堂在寺庙里的重要性仅次于大雄宝殿。草堂寺法堂建于 1992 年，殿内供奉着一尊高约 2 米的香樟木雕金身佛像，这就是法身佛——毗卢遮那佛。一般读者可能对毗卢遮那佛不太熟悉，佛教认为佛有三身，分别是：法身毗卢遮那佛，代表佛教真理凝聚所成的佛身；报身卢舍那佛，代表经过修习得到佛果，拥有佛智慧的佛身；化身释迦牟尼佛，指佛为超度众生、随缘应机而呈现的各种化身。法堂内的毗卢遮那佛坐在千叶莲花座上，每一莲瓣上又有一尊小佛，表示千百亿的化身佛，称为"千佛绕毗卢"。而每一莲瓣又代表一个大千世界，整个莲座则代表华藏世界。法堂的两梢间为方丈室。

出了法堂，两侧分别是三圣殿、地藏殿。三圣殿在大悲殿和法堂中间的西侧面，里面供奉着"西方三圣"，中间为阿弥陀佛像，左胁侍为大势至菩萨，右胁侍为观世音菩萨。佛经记载，如果众生发愿求生西方极乐世界，并称念阿弥陀佛的名号，临终时会被西方三圣接引到极乐世界。地藏殿位于大悲殿和法堂中间的东侧，与三圣殿相对，殿内供奉着一尊脱纱地藏菩萨坐像，像前有铁罄一口，铸于清光绪二十年(1894)。地藏菩萨因其"安忍不动犹如大地，静虑深密犹如秘藏"，故称为地藏。地藏菩萨是中国佛教四大菩萨之一，他的道场是佛教四大名山中的九华山。《地藏菩萨本愿经》中记载，地藏菩萨在过去世中曾经多次舍生救母，感人至深。又发愿"地狱不空，誓不成佛"，在久远劫以来就不断救度罪苦众生尤其是地狱众生。所以地藏菩萨以"大孝"和"大愿"著称，民间信仰中则认为地藏菩萨主持幽冥世界，是"幽冥教主"。

在法堂后面是一座气势宏伟的重檐三滴水歇山顶风格的建筑，这便是 2015 年 9 月刚刚落成的藏经楼。藏经楼共 3 层，通高 28 米，建筑总面积达 3760 平方米。第一层供奉铜胎鎏金一佛四菩萨像，分别为：释迦牟尼佛、上行菩萨、无边行菩萨、净行菩萨、安立行菩萨。根据《法华经》记载，这四位菩萨是释迦牟尼佛灭度之后，护持、读诵、广说《法华经》的菩萨众中的四位导师。佛像后壁为铜质贴金的"东方琉璃世界"浮雕。藏经楼的二、三层珍藏有数千册佛教典籍，尤其以 27 枚梵文贝叶经以及影印宋版

《碛砂大藏经》最为珍贵。

藏经楼的右前方是一片竹林，竹叶茂密，风景优美。竹林中便是产生了大名鼎鼎的"草堂烟雾"的烟雾井。烟雾井俗称"龙井"，相传井下有一块巨石，石上卧着一条蛟龙，早晚呼气，从井口冒出，形成"烟雾"。也有人说，草堂寺自古以来佛事兴盛，进香拜佛的人不计其数，以致香烟升至高空，与山气聚合，形成烟雾。随着科学的发展，人们对于前两种说法是作为美好的神话传说来接受，草堂烟雾的成因合乎科学的解释是：由于关中一带地热资源丰富，地热在运动的过程中，沿地壳的岩缝冒出地面，天气稍有变化，这股热气与周围的水汽、云雾及香烟混为一体，升至高空，形成烟雾。

草堂寺烟雾井

在烟雾井的南边有一座亭房，门虽然锁着，但是透过玻璃可以看见一座小小的石塔，这就是鸠摩罗什舍利塔。传说鸠摩罗什圆寂火化后，只留下舌头没有被烧焦，依然完好无损，这座塔就是皇帝姚兴为了供奉鸠摩罗什的舌舍利所修建的。舍利塔通高 2.46 米，8 面 12 层，用玉白、砖青、墨黑、乳黄、淡红、浅蓝、赭紫、深灰八种不同颜色的宝石雕刻镶拼而成，所以也叫做"八宝玉石塔"。塔体是天宫楼阁形制，下为铁围山，内为香沸海，中央涌起三层云台，台上雕八边形宝龛，龛上覆四角攒尖屋盖，盖顶有宝刹。塔周浮雕有云纹、水波、须弥山等图案，檐下有飞天等雕刻。

在鸠摩罗什舍利塔南边 5 米处，有一口小井，井上沿为一个五角形的花岗岩井圈，上凿有"二柏一眼井"五个大字。此井已有 1600 余年历史。鸠摩罗什的舌舍利建塔供奉之后，当年塔前便生出了一朵莲花。僧人们非常奇怪，便禀告了皇帝姚兴，皇帝于是派人挖掘，发现莲花的根一直连着鸠摩罗什舌舍利，后来，就保留了这口从未见过水的浅井，起名为"莲花井"。又因为井的东西各长着一株高大挺拔的柏树，所以又叫做"二柏一眼井"。

在莲花井不远处，矗立着一块被玻璃罩保护的石碑，这就是草堂寺有名的"宗派图碑"。宗派图碑的上方篆书着"逍遥园大草堂栖禅寺宗派图"。碑高 1.92 米，宽 0.65 米。碑的正文中僧人名字皆为楷书，共 21 排，以朝代顺序记载了众僧 484 人，第一排以鸠摩罗什为首及其门下的八俊。第二排以宗密定慧禅师为首的唐代僧人及信徒共九人，其中有唐代大诗人白居易（号香山居士）、刘禹锡、宰相郑庆余、裴休等人的名字。唐以后五代、宋、金、元五朝各排之间，明显地画出了师徒承传的关系，而且僧人众多，弘法衍道，代有高人，说明这几朝佛教并未衰落。这通石碑是研究佛教史的珍贵资料。

草堂寺宗派图碑

在宗派图碑南边，就是鸠摩罗什三藏纪念堂了。堂内供奉着一尊楠木鸠摩罗什雕像，此像为 1982 年 4 月 13 日，日本佛教日莲宗安奉于草堂寺内的。鸠摩罗什在草堂寺译出了《妙法莲花经》七卷，成为天台宗的盛典。公元 804 年日本高僧最澄（767—822）来中国游学，在天台山跟随道遂、行满二位法师学习天台教观，归国后在比睿山学习天台宗，公元 1253 年专依鸠摩罗什译的《法华经》建立日莲宗。因此，日莲宗也将鸠摩罗什奉为祖师，将草堂寺尊为祖庭，日莲宗信徒为了表达对鸠摩罗什的敬仰和对草堂寺的向往，捐资雕塑了鸠摩罗什三藏法师坐像。1990 年 11 月 22 日，日莲宗于草堂寺罗什舍利塔前，举行修建"鸠摩罗什三藏大师纪念堂"奠基仪式，捐资 1500 万日元，纪念堂于 1992 年落成，是中日佛教友好交流的重要代表，每年都有大批信众从日本远道而来参拜。

2. 重兴与发展

草堂寺近年来在方丈谛性法师的主持下，寺庙不断翻新变化，规模不断扩大。

谛性法师1968年10月在户县苍游乡李业村法幢寺皈依宏林法师，1969年11月从宏林法师剃度出家。1982年在江苏苏州西园寺受具足戒，1984年10月至今常住草堂寺。1992年9月晋升为草堂寺监院，1993年任陕西省青年联合会委员，同年5月接法于宏林方丈为法嗣。1994年任西安市佛教协会副秘书长，1998年任西安市佛教协会副会长，2003年升任草堂寺方丈，2005年任陕西省佛教协会副会长，2010年再次当选。

谛性法师一直致力于恢复草堂寺的工作，1986年至2000年的15年中，在宏林法师及广大僧众、居士的护持下，谛性法师为重修扩建寺院殿堂多方募化资金，终于将仅有一座5间旧殿约170平方米的寺院修建成为殿堂楼阁齐备、总建筑面积达5000平方米的庄严宏伟的寺院，草堂寺面貌焕然一新。

除了硬件上的建设外，草堂寺也非常重视弘法传教和文化建设。寺院分别于1993年、2000年、2003年举行了三次大规模授戒活动，惠及20余省的1344人，其中比丘戒1073人，比丘尼戒271人，影响很大。

2009年草堂寺成立"五间房写经堂"，20多位义务抄经人至今已经抄写鸠摩罗什所译经文近200万字，这一壮举在国内外佛教界非常罕见，获得了"昔日译经场，今日写经堂"的好评。

2009年1月31日，陕西文化户外大讲堂在西安草堂寺举行"佛教文化系列"第一讲。主讲嘉宾西北大学佛教研究所所长、博士生导师李利安教授，在户外不同场景下作动态讲解，讲述了草堂寺的起源与演变线索、草堂寺在中国文化发展历史中的地位、草堂寺开创的三论宗对佛教文化的深刻影响等内容。

2012 年 12 月 1 日至 2 日，由草堂寺、新疆龟兹文化研究院、甘肃武威罗什寺等共同举办的"2012 西安草堂鸠摩罗什高端文化论坛"在草堂寺召开。省、市、县相关政府部门领导与来自全国各地的专家学者及法师近百人参加论坛。论坛对鸠摩罗什佛教文化思想进行了学术交流，对石勇、刘尚卿先生编写的 40 集《鸠摩罗什》电视连续剧剧本进行了论证，为鸠摩罗什佛教文化思想在世界文化交流中发挥更加积极的作用作出了重要贡献。

　　2015 年 12 月 07 日，草堂寺举办的"户县草堂讲经堂"正式开讲。开设"户县草堂讲经堂"的目的是从佛教居士信众初学培训入手，努力提高佛教居士信众的综合素质，使更多的佛教居士信众成为爱国爱党、弘法利生的合格人士。讲经堂设在草堂寺内，每月两天上课，常年举办，学员由户县 37 个场所推荐佛学初学者，学习内容为讲解经论和佛教仪规培训。

　　与此同时，草堂寺的对外联系也取得巨大进展。1980 年 9 月，日本日莲宗以本山松井大周为团长的 23 人访华团访问中国，参访草堂寺。日莲是日本镰仓幕府时期（相当于我国南宋）的僧人，由于成功预见到了蒙古国入侵日本，受到日本朝野的重视，由此创立了日莲宗。此宗以《妙法莲华经》为本，是日本化的佛教宗派。因为鸠摩罗什是《法华经》的翻译者，草堂寺又保存有鸠摩罗什的舍利子，因而日莲宗追认草堂寺为日莲宗祖庭。

2015 年落成的草堂寺藏经楼

自此，日莲宗代表团先后来拜访草堂寺十余次，宏林、谛性法师等也先后去日本回访五次。为感恩鸠摩罗什的恩情，本着知恩报恩的心愿，日莲宗组成"日莲宗鸠摩罗什遗迹显彰会"，出资在草堂寺供奉鸠摩罗什三藏圣像，1982 年 4 月 11 日，以刚当选为日本佛教会会长的金子日威为名誉团长，松井大周、小林行雄为副团长的日莲宗友好访华团一行，在赵朴初等人的陪同下，乘机飞抵西安。4 月 13 日，中国佛教协会和日本日莲宗在草堂寺共同举行了由日莲宗奉献的鸠摩罗什三藏法师尊像奉安开光法会，赵朴初会长、金子日威团长为法像揭幕，中日两国佛教徒分别在法会上诵经持咒，共祝两国人民安乐，友好万年。1990 年，日莲宗又出资资助草堂寺建立"鸠摩罗什纪念堂"，1991 年 10 月完工，举行了法像迁座仪式。中日双方还于 2004 年 10 月 16 日，在草堂寺联合举办了以"鸠摩罗什译经与中日两国佛教文化——纪念鸠摩罗什诞辰 1660 周年"为主题的学术研讨会，获得了圆满成功。杨曾文、高桥弘次、李利安、王亚荣、福原隆善等著名学者都提交了有分量的学术论文。2015 年 9 月 10 日，草堂寺在藏经楼前隆重举行藏经楼落成典礼暨佛像开光仪式，包括日本国日莲宗佛教团体代表在内的近 5000 人参加了当日上午举行的大型佛事活动。

二十一世纪以来，草堂寺也紧跟时代步伐，先后开设了草堂寺网站（www.caotangtemple.com）和微信公众平台（草堂寺）作为弘法利生、接引大众、对外交流、传播文化的新窗口。草堂寺在谛性法师的带领下，规模逐渐扩大，影响也与日俱增，已经成为西安著名的佛教文化圣地，草堂寺这座有千年历史的古寺，如今焕发出了新的时代魅力。

（二）栖霞寺

近年来，栖霞古寺全体僧众在隆相大和尚的带领下，寺院建筑面积有了很大增加，钟鼓楼、哼哈殿、休闲长廊、新佛学院、云水堂、地藏殿等建筑设施相继落成。与此同时，寺院制度不断修改完善，档案资料的建立逐渐规范化，成立了义工团、读书会、云谷书画院等文化弘法组织，连续举办了十二届佛学夏令营以及各类短期出家、研修班，开设了寺院网站：栖霞古寺(www.njqixiasi.com)等对外窗口。除此之外，栖霞寺还积极利用优良环境和条件加强与学术界的交流，以三论宗研究所为中心，联合教内外和各地学者进一步开展三论宗的文献整理与思想研究，为三论宗在当代的复兴作出了新的贡献。

栖霞寺全景

栖霞寺现任住持隆相法师，湖北江陵人氏，1965 年 9 月生，1982 年在武汉归元寺依上昌下明大和尚剃度出家，同年十月到南京栖霞寺僧伽培训班学习，于此期间依上茗下山大和尚受具足戒。1988 年在中国佛学院栖霞山分院学习，1991 年毕业留校任教兼任班主任，1995 年任中国佛学院栖霞山分院教务长兼栖霞古寺监院，2002 年进入南京大学哲学系学习。现任江苏省政协常委、中国佛教协会理事、中国佛学院栖霞山分院常务副院长、江苏省佛教协会副会长、南京市佛教协会会长、栖霞古寺住持等职务。

如今的栖霞寺梵音不绝，香烟缭绕，游人如织。设于栖霞寺内的中国佛学院栖霞山分院更是培养了一批又一批的学问僧奔赴四方，弘扬佛法。千年古刹栖霞寺再次以全新的面貌展示在世人面前。

1. 栖霞美景

栖霞寺占地面积 40 多亩，山门、弥勒佛殿、毗卢宝殿、法堂、念佛堂、藏经楼、过海大师纪念堂、舍利石塔等建筑依山势层层上升，格局严整美观。寺前有明征君碑，寺后有千佛岩等众多名胜古迹。

当我们来到栖霞寺，首先映入眼帘的是一座巨大的牌楼，这座三开间的牌坊上有四个金光闪闪的大字"栖霞禅寺"，是由中国佛教协会会长赵朴初居士亲笔题写的，中间的两根楹柱上，刻有茗山法师于 1992 年春题写的楹联一副："千佛名蓝朗公说法宗三论，六朝胜迹仰祖印心属二伽"，向人们介绍着栖霞寺作为三论宗祖庭的辉煌历史。

过哼哈二殿往前不久，栖霞胜景"彩虹明镜"便出现在眼前。"彩虹明镜"四个大字是由当代著名书法家尉天池书写，并镌刻在一块大石上，明镜湖湖水清澈，彩虹亭在水中亭亭玉立，与湖水相映成趣。

继续前行，便会看到位于栖霞寺山门前左侧的明征君碑。这块碑是唐初为纪念栖霞寺的创建者明僧绍（明征君）而立的，碑文为唐高宗李治撰文、唐代书法家高正臣所书，碑阴"栖霞"二字，据说还是李治亲笔所题。

从御碑亭往右前方登上石级，便来到了栖霞寺山门前。栖霞寺山门，三门并立，象征着空门、无相门、无作门"三解脱门"。中间门额上写着"栖霞古寺"四个鎏金大字，两侧门额上分别书写着"六朝胜迹"、"千佛名蓝"共八个鎏金大字。

步入山门，是弥勒殿。迎面箕踞而坐着一尊袒胸露腹、开怀畅笑的弥勒菩萨。弥勒菩萨的背后，韦驮护法巍然挺立，双手合十，降魔杵横于腕上。在弥勒殿的两侧，侍立着名声显赫的护法神将四大天王。在弥勒殿内，还嵌有赵朴初居士撰文书写的《重修摄山栖霞寺记》石碑，记述了自栖霞寺创建至"文革"之间的沧桑历史。

出了弥勒殿，拾级而上，便是寺内的主要殿堂毗卢宝殿。殿内迎面正中供奉着一尊毗卢遮那佛，高约五米，金箔贴身，庄严肃穆。在其左右，侍立着梵天、帝释两位天王，他们是"天龙八部"的成员，是佛教中的护法神。大殿两侧，分列着二十诸天的木雕像，他们也是"天龙八部"的成员，这些雕像个个点金妆彩，造型生动，神态各异，光泽耀眼。毗卢遮那佛背后，是海岛观音群塑。大殿后侧有两座雕刻精细、妆金涂彩的豪华佛龛，原本是北京紫禁城的清朝遗物，1979年才运到栖霞寺。

栖霞寺牌楼

过了毗卢宝殿，依山而建的是法堂、念佛堂和藏经楼。藏经楼内珍藏着汉文《大藏经》7168卷，以及各种其他经书1.4万余册。藏经楼左侧为"过海大师纪念堂"，堂内供奉着鉴真和尚脱纱像，陈列着鉴真和尚第六次东渡图以及鉴真和尚纪念集等珍贵文献资料，这些都是日本佛教界赠送的，是中日佛教界友好往来的历史见证。

寺内还新建了玉佛楼，正中供奉一尊高1.5米，重390公斤的玉佛像，玉佛雕凿精细，装金着彩，是由台湾佛光山星云大师捐赠的。栖霞寺后山可以攀登到山顶，俯瞰山脚下的长江，浩浩渺渺，天地一色，美不胜收。

当然，栖霞寺还有两处非常珍贵的古迹：舍利塔和千佛岩。

栖霞寺舍利塔是长江以南最古石塔之一，是中国最大的舍利塔，建于隋文帝仁寿元年(601)，是栖霞寺内最有价值的古建筑之一。石塔八角五级，高约15米。基座地面雕刻海水及龙凤鱼虾等图形，塔身下须弥座各面浮雕释迦八相。第一层塔身特别高,正面及背面均雕刻版门,东北及西南为文殊及普贤菩萨像,其余四面为天王像。须弥座上面是密檐五级,其间刻有小佛龛,各檐仿木构瓦面,角梁端有环寺铃铎,少数还有保存。塔顶原为金属刹,有铁链引向脊端,后世改用数层石雕莲花叠成的宝顶。宝塔图像严谨自然,形象生动,雕刻十分精致,构图富有中国画的风格,是中国五代时期佛教艺术的杰作。舍利塔历经千年风雨,虽有部分石檐毁坠,但仍然巍然屹立。

舍利塔东有大佛阁,又称为三圣殿,供有无量寿佛,是南齐时代开凿。佛像坐身高 10.8 米,连座高 13.3 米,观音、大势至菩萨左右立侍,高十一米。佛像的衣褶风格和大同云冈石窟的佛像风格非常相似,是中国佛教艺术黄金时代的绝世珍品。

大佛阁后的山崖间,便是有"江南云冈"之称的千佛岩。千佛岩是中国唯一的南朝石窟,据《栖霞寺碑》载,南朝齐代明僧绍死后,其子仲璋与沙门法度首先在西峰两壁上镌造无量寿佛及观音、势至两菩萨。相传佛像雕成后,在佛龛顶上放出光彩,于是,齐、梁的贵族仕子,风闻而动,各依山岩的高下深广,在石壁上凿雕佛像,或五六尊或七八尊为一龛,号称千佛岩。现存南朝造像共计有二百九十四座佛龛,佛像五百一十五尊。以后唐宋元明各代都有继续开凿,共计佛像七百尊。梁代临川王萧宏将佛像加以装饰,金碧焕然。千佛岩位于南方,与云冈石窟南北遥遥相对,是中国古代雕刻艺术的杰作。栖霞寺的千佛岩,佛寺与石窟融为一体,这在全国寺庙建筑中极为罕见。

2. 舍利文化

2015 年 10 月底,一则"释迦牟尼佛顶骨舍利移驾南京牛首山"的新闻,成为当时海内外都非常关注的佛教热点话题。说到这件事,还得从五年前说起。

2010 年 6 月 12 日,南京大报恩寺遗址出土的七宝阿育王塔金棺银椁被打开，佛顶真骨得以盛世重光。当日，由中国佛教协会、南京市人民政府主办，江苏省佛教协会、南京市佛教协会承办的南京大报恩寺佛顶骨舍利盛世重光法会在栖霞寺隆重举行。供奉法会和庆典仪式后，佛顶骨舍利在栖霞寺法堂举行了为期一个月的供奉瞻礼活动，供信众瞻拜。之后，佛顶骨舍利一直供奉在栖霞寺内，直到 2015 年 10 月才被迎往牛首山佛顶寺永久供奉。

2015 年 10 月 27 日，释迦牟尼佛顶骨舍利从南京栖霞寺启程前往牛首山佛顶寺，在寺内佛顶宫千佛殿举行佛顶骨舍利供奉法会，并对外供奉瞻礼三天。此后，将在每年元旦、春节、国庆期间和释迦牟尼佛出家日（农历二月初八）、涅槃日（农历二月十五）、佛诞日（农历四月初八）、成道日（农历腊月初八）对外供奉瞻礼。

佛顶骨舍利指的是释迦牟尼的头顶骨。据说，2500 年前释迦牟尼涅槃火化后弟子们从灰烬中得到了一块头顶骨、四颗牙齿、一节中指骨和若干颗真身舍利子。佛顶舍利传说是佛祖释迦牟尼头顶涌起自然成髻部分的舍利，相传是北宋年间印度来华高僧施护带来的。在南京七宝阿育王塔中密藏了整整一千年后，世界现存唯一的佛顶骨舍利终于重现人间，堪称千载一时，因缘殊胜，意义非凡。

从 2010 年 6 月佛顶骨舍利重光之后，一直到 2015 年 10 月佛顶骨舍利被迎请到牛首山佛顶寺供奉的这五年间，栖霞寺先后举办了五届"金陵礼佛文化月"活动，每届文化月活动都受到各级政府及分管部门的高度重视、社会各界的广泛关注和广大居士信众的积极参与，并且广受好评，反响空前。

每年的礼佛文化月，代表佛、法、僧的佛顶骨舍利、感应舍利以及诸圣舍利都同时接受海众善信的瞻礼膜拜。除了瞻礼佛顶骨舍利之外，各位信众还可以参与到各类文化活动中，真实感受佛教文化的魅力。栖霞寺历届举办的文化月中开展的活动有：佛教书画展、金陵刻经技艺展示、佛教工艺品展、翰墨丹青供佛书画展、精品佛珠展、佛教摄影展、佛教文化收藏品展、玄奘法师顶骨舍利供奉、"盛世佛缘·祈福南京"南京佛教梵呗音乐会、南京国际佛事用品展览会以及礼请高僧讲经说法等系列活动。"金陵礼佛文化月"活动的开展极大地彰显了南京佛教文化内涵，提升了金陵佛教的形象，展现了佛教文化的丰富多彩，盛况空前，影响深远。

在此期间，2012 年 4 月作为"第三届世界佛教论坛"的重要活动之一，佛顶骨舍利先后赴香港和澳门供奉，在两地引发礼佛热潮，香港红磡体育馆和澳门东亚运动会体育馆一共涌入数十万信众虔诚瞻礼。

佛顶骨舍利

同时栖霞寺也迎来了诸如苏州西山长寿庵、"中国城市榜"外国媒体代表团、延参法师、中国国民党荣誉主席吴伯雄、歌手孙楠等来自全球各地前来朝山瞻礼佛顶骨舍利的教内外社会各界的团体与个人。对于弘扬佛法、推动佛教文化发展、促进海内外佛教交流和栖霞寺佛教事业的进一步发展，都产生了深远的影响。

3. 中国佛学院栖霞山分院

中国佛学院栖霞山分院的前身是栖霞山僧伽培训班。为了培养和造就新一代爱国爱教、识教义、有文化的年轻僧才，国家宗教事务局、中国佛教协会于 1982 年在南京栖霞寺开办僧伽培训班，时任中国佛教协会会长、中国佛学院院长的赵朴初老先生任主任。1984 年经国家宗教事务局批准，在培训班的基础上创建中国佛学院栖霞山分院，赵朴初先生兼任院长，茗山长老任常务副院长。

中国佛学院栖霞山分院办学坚持"院校丛林化，学修一体化"的教学方针，遵循"悲、智、愿、行"的校训，专科班开设有：戒律学、丛林知识、梵呗、佛典选读、佛教史、佛学概论、遗教三经等课程。2008 年开设本科班后开设有：三论宗、天台宗、唯识宗、律宗、禅宗、华严宗、中国哲学、中国文学等课程，研究生班则开设佛学专宗课程。

学院于 2009 年 2 月 25 日成立"三论宗研究所"。于 2013 年、2015 年在三论宗祖庭南京栖霞寺先后举行了两届"三论宗与栖霞山学术研讨会"，收到学术论文百余篇，这些学术论文对三论宗的历史进行了全面探讨，对三论宗与其他宗派的影响进行了深入研究，对与三论宗有关的历史人物及其思想进行了梳理，使三论宗的学术研究得到了长足发展，产生了积极的社会影响。

学院与海外和港澳台地区佛教界友好往来频繁，1995、1996 年连续作为南京法务代表团成员被邀赴港参加宝莲寺的水陆大法会。1997 年初受中国佛教协会委托，派出十一名师生代表中国佛教界去缅甸参加佛牙巡展活动，并英勇护法，受到国务院表彰。2012 年初，佛顶舍利赴香港、澳门供奉，学院派出二十六名优秀学僧全程护法，海内外高僧赞叹不已，赢得了良好的声誉。同时学院多次接待海内外、港澳台地区高僧大德讲学交流，如泰国仁得上师和台湾地区的星云大师、了中法师等，为国际友好交流、祖国统一、民族团结作出了重要贡献。

学院自开办以来已毕业近千人，这些学有所成的僧才，遍布全国各地寺院，成为当今佛教发展的中坚力量。还有的应邀赴美国、加拿大、新加坡、马来西亚等国担任寺院住持、监院等要职，成为佛教事业的栋梁之才，为弘扬佛法发挥着重要作用。

（三）武威鸠摩罗什寺

1. 寺庙近况

鸠摩罗什寺历史上屡经兴废，自从 2001 年以来一直在不断修复建设，经过寺僧和社会各界的努力，鸠摩罗什寺的修建工程按设计规划顺利进行，目前鸠摩罗什寺的大雄宝殿等主要建筑都已投入使用。

武威鸠摩罗什寺

大雄宝殿正面供释迦牟尼佛、迦叶、阿难，背面是高5米的千手千眼观音菩萨。殿内设万佛阁，供奉一万零八百尊铜佛像。大雄宝殿下层为大经堂，面积达1500多平方米，供有阿弥陀佛、观世音菩萨、大势至菩萨、地藏菩萨等5尊佛像。位于大雄宝殿东西两侧的四栋厢房，共计有136间，分别设有客堂、念佛堂、禅堂、文殊堂、普贤堂、理智法师纪念堂、斋堂、云水堂、接待室、办公室、僧房及客房等。观音殿位于鸠摩罗什寺大雄宝殿东侧北角处，殿内现有4.8米高的彩金千手观音菩萨二尊，一尊面对东大门，一尊面对罗什舍利塔。现存的鸠摩罗什舌舍利塔为八角12层，高33米，空心砖砌，塔座呈八角形，塔门朝东，从下起第一、三、五、八、十二层均设有塔门，最上面一层设小佛龛，龛内供金佛一尊。塔体每层都用平砖叠成腰檐，八角翘首，饰以绿色小瓦罐，下系风铃。塔顶部镶嵌着葫芦形的铜质宝瓶，虽历经风雨，但仍然色泽如新，熠熠生辉。鸠摩罗什寺还移植松柏树500多棵，栽植小侧柏、牡丹、芍药等名贵花卉树木5000多株，寺院环境大为改观。

鸠摩罗什寺一边进行紧锣密鼓的修建工作，一边也有条不紊地展开弘法活动，近年来陆续举办庆祝佛诞法会、高考祈福法会、迎春祈福吉祥法会、观音菩萨圣诞法会、水陆法会、为地震灾区消灾祈福法会等各种佛事活动，并积极参与捐资助学等社会公益慈善活动。同时鸠摩罗什寺也非常重视对外交流，邀请高僧大德到鸠摩罗什寺讲经说法，接待海内外团体调研参访，交流互动。鸠摩罗什寺也紧跟时代步伐，先后开设了寺院网站

（www. jmlss. cn）和微信公众平台（武威市鸠摩罗什寺）等网络平台来弘法利生、接引大众。鸠摩罗什寺经过不断地努力现在已经逐渐发展成为河西走廊上最重要的一个中外佛教文化交流平台。

鸠摩罗什寺现任方丈理方法师，生于1970年，1988年9月在甘肃省兰州市五泉山浚源寺礼谛显上师剃度出家。1994年7月考入北京中国佛学院，1999年考入斯里兰卡克拉尼亚大学巴利语佛学研究所并获得佛学硕士学位。2002年考入克拉尼亚大学巴利语佛学研究所攻读哲学博士。2005年回国后，得深圳弘法寺方丈本焕长老付法授记，为临济宗第四十五世传人，并出任甘肃省武威市平沟寺住持。2006年11月18日，在香港佛教联合会会长觉光长老座下嗣天台宗法脉，被授记印可为天台宗第四十七代教观总持传人。2007年12月，应甘肃省武威市凉州区佛教协会与鸠摩罗什寺的邀请担任住持，现任武威鸠摩罗什寺方丈，武威市凉州区政协副主席，凉州区佛教协会会长，武威市政协常委，甘肃省佛教协会副秘书长。

2. 电视纪录片《鸠摩罗什》

2016年6月16日上午，鸠摩罗什寺迎来了不寻常的一天，"一带一路"题材大型电视纪录片《鸠摩罗什》在鸠摩罗什寺正式开拍了。

鸠摩罗什是世界著名的思想家、佛学家、哲学家和翻译家，中国佛教三论宗中土初祖。《鸠摩罗什》电视纪录片将再现鸠摩罗什跌宕起伏的传奇一生，突显鸠摩罗什对佛教传播、中国语言文字和中西方文化交流等方面做出的重大贡献以及对后世产生的重要影响，为"一带一路"文化建设，为丝绸之路不同文明交流互鉴注入历史的见证和文明的活力。

同时，为了探寻鸠摩罗什一生跌宕的文化传播之路，求证罗什大师在文化、艺术等领域作出的巨大贡献，由中共甘肃省委宣传部、甘肃省文化厅主办的重走"罗什之路"文化探寻体验活动也于同日在甘肃武威鸠摩罗什寺正式启动出发。

此次活动由包括著名史学家、文化学者、媒体人士及《鸠摩罗什》电视纪录片主创团队在内的百余人参加。所有人员将从鸠摩罗什"东归传法"的境内起点新疆喀什起步，沿着东归传法路线，向西安进发，途经新疆温宿县、新疆克孜尔、新疆库车县、甘肃敦煌、甘肃武威、甘肃兰州、甘肃天水、陕西户县，进行一次中国佛学的精神溯源和"东归传法"体验，探寻丝绸之路上的中国佛教文化遗产，弘扬中国传统文化，展示"罗什之路"摄影创作成果。

（四）西安鸠摩罗什寺

1. 古刹现状

西安鸠摩罗什寺现在拥有面积五亩之多，进入寺内后有长而阔的庭院，院内由青砖铺就，寺内左右两侧由青砖围砌为空心围栏，种植着果树以及粮食蔬菜，非常具有中国佛教的农禅并重的风习。

鸠摩罗什寺于"文革"以后恢复寺院，在原住持世空法师的主持下，修建寺院山门，修缮大殿，盖起老祖殿、斋堂等殿。世空法师于2011年功德圆满后归寂，现在鸠摩罗什寺由道安寺住持宽严法师主持。

宽严法师，俗姓杨，1983年出生于西安市。自幼贞敏，宿植善根，幼年求学时便喜好到寺院参访，常游于长安各寺。1999年于长安护国兴教寺礼常明老和尚剃度出家，出家后即于河北柏林寺河北佛学院求学，亲近净慧老和尚并深得法要。后于杭州佛学院研究生班深造。2005年于广东云门山大觉禅寺佛源大和尚座下接法，成为云门正宗第十四代法嗣。2006年，宽严法师应终南山佛教协会礼请，入住长安护国道安寺，主持法务，兴复祖庭。2008年，由鸠摩罗什寺世空长老及合寺大众礼请，经政府批准，宽严法师晋院(新住持入主某寺)驻锡鸠摩罗什寺。宽严法师自晋院后不畏艰辛，不仅整修了寺院，翻新了殿堂，添置了法器，还兴建了伽蓝殿、客堂、挂单寮、盥洗间等建筑，令鸠摩罗什寺焕然一新。

182

2.《童寿文集》辑校项目

2016 年 7 月 2 日上午，由西安鸠摩罗什寺和陕西省社会科学院共同主办、台湾普愿功德会协办的鸠摩罗什三藏译著——《童寿文集》辑校项目启动仪式在陕西省社会科学院隆重举行。

《童寿文集》辑校项目启动仪式在陕西省社会科学院举行

鸠摩罗什寺住持宽严法师在启动仪式上首先介绍了鸠摩罗什在佛教史和世界文明史上的贡献、鸠摩罗什寺近年来在推动鸠摩罗什文化的传播方面取得的成绩和发起《童寿文集》辑校的缘起和筹备工作。项目负责人、陕西省社会科学院宗教研究所李继武所长介绍了《童寿文集》辑校工作课题组组织安排、辑校体例和工作进程。《童寿文集》总量约 450 万字，课题组成员由省社科院宗教所科研人员和各地学有专长的学者组成，以《中华大藏经》点校体例为基础，采用三审三校制，严格把关。整个项目力争用两年时间，于 2018 年完成。西北大学玄奘研究院院长李利安教授在致辞中谈到，鸠摩罗什和玄奘一样推动了文明交往，对世界文明史有重要意义，项目的开展必将有利于鸠摩罗什佛学思想的研究。

鸠摩罗什是古代东西方文明交往的见证和亲历者，对人类文明的发展作出了巨大贡献，鸠摩罗什寺和陕西省社会科学院宗教研究所合作开展《童寿文集》的辑校工作是对国家一带一路战略的积极响应，必将有利地推动陕西省佛教学术研究和宗教文化建设。而这一盛举同时也为千年古刹鸠摩罗什寺继承辉煌历史、焕发时代光彩添上了浓墨重彩的一笔。

后 记

在中华民族的传统文化中，佛教是重要的组成部分，在经济、文化繁荣和发展的今天，中国汉传佛教八大宗派及祖庭所具有的深厚佛教文化，是我们应该挖掘和发扬的一个重点。

我的导师西北大学玄奘研究院院长李利安教授，多年来一直非常关注中国佛教宗派的历史与发展，积极推动宗派祖庭的建设和复兴工作。在他先后主持编写、著作的《陕西·中国汉传佛教祖庭研究》《终南法脉》等作品中，对中国汉传佛教宗派的形成、发展，各宗祖庭的文化地位都有过重新审视和论证，其中三论宗及其祖庭草堂寺，更是受到李利安教授的情有独钟和倾力弘扬。作为李老师的学生，在他的熏陶和悉心培养下，我逐渐对中国汉传佛教宗派历史和祖庭文化有了强烈的兴趣和比较系统的认知。

李利安教授主编的这套《中国汉传佛教八大宗派及其祖庭》丛书，立足于现有的学术研究成果，内容兼顾学术性、知识性、社会性。八大宗派每宗一册对宗派与祖庭进行系统的介绍，这是中国历史上的第一次。这套丛书的重要性不言而喻。当李老师询问我能否承担这套丛书其中一个宗派与祖庭的写作时，我深切感受到老师的慈悲和对学生不遗余力的提携，更加珍惜老师提供给我的这次难得的学习、锻炼的机会，因此即便自知水平有限、能力不足，也欣然接受。

本书写作过程中，李老师非常关心我的进展和困难，尽管他事务繁忙，仍然排除万难与我们几位作者多次开会讨论，为我们答疑解惑，给我们鼓励和帮助。李老师不仅为我拟定了书稿框架和写作大纲，连具体的章节目录也非常耐心地一一为我敲定。写作过程中遇到的细节问题，李老师也随

后记

时给予我指导和帮助，而且无私地将自己的一些重要资料和研究成果分享给我，并撰写了本书的部分内容。得遇良师，实在是我莫大的荣幸和福报！

对三论宗深有研究的东南大学董群教授和中国佛学院理净法师的著作是我重要的参考对象。王亚荣、李利安、刘成有、姚卫群等诸位老师的研究成果也为本书的写作提供了重要指导。诸位学者是我非常敬仰的前辈大家，他们多年研究的丰硕成果，是本书写作的基础和立足所在，我对诸位师长的崇敬与感谢，实非一言两语所能表达！

河南科技大学王宏涛老师、陇南师范崔峰老师、西北大学李永斌老师都是我的同门兄长，他们的著作也为本书提供了重要参考，在此一并表达诚挚的感谢！

本书的出版，非常感谢西安电子科技大学出版社高樱女士的大力支持，她不仅在丛书的策划、立项、申报，书稿的编辑、审校等方面做了大量的工作，而且在本书的内容上也给我提出了宝贵的建议。感谢南京栖霞寺静极法师和鸡鸣寺慧正法师，他们不辞辛劳为我提供了重要的资料。

三论宗的祖庭草堂寺与我曾经就读的西北大学长安校区相隔不远，是我大学时期经常携友参访的地方。三论宗的另一祖庭实际寺的遗址就在西北大学太白校区的校园内。我在台湾交换学习的南华大学的创始人佛光山星云大师又是在三论宗祖庭南京栖霞寺出家受学。现在想来，我与三论宗的因缘恐怕在这千丝万缕的联系中早已注定了。如今受李利安老师提携，成就我写作《不二法门——三论宗及其祖庭》一书，实在是我莫大的荣幸！

因为我学识浅薄、水平有限，虽然竭尽全力，仍不免出现错误，恳请各位读者原谅。如有方家愿意批评指正，请通过邮箱 hzk19@126.com 与我联系，在此诚致谢意！

黄凯

2016 年 9 月